Natalia Escolà Amaro

Spanisch üben
Lesen & Schreiben A2

Hueber Verlag

3. 2. 1. | Die letzten Ziffern
2025 24 23 22 21 | bezeichnen Zahl und Jahr des Druckes.
Alle Drucke dieser Auflage können, da unverändert,
nebeneinander benutzt werden.
1. Auflage

Umschlaggestaltung: Sieveking · Agentur für Kommunikation, München
Layout und Satz: Sieveking · Agentur für Kommunikation, München
Verlagsredaktion: Nina Lötsch, Hueber Verlag, München
Druck und Bindung: Friedrich Pustet GmbH & Co. KG, Regensburg
Printed in Germany
ISBN 978–3–19–277909–1

Art. 530_27127_001_01

Inhaltsverzeichnis

Seite

Vorwort 6

A Te invito a mi fiesta

A1 Confirmad vuestra asistencia. 7

Glückwünsche verstehen und eine Einladung zu einer Feier verstehen und schreiben

A2 ¿Llevamos cerveza o vino? 10

Auf eine Einladung reagieren und mitteilen, was ich zu einer Feier mitbringen kann

A3 Estamos buscando aparcamiento. 12

Ausdrücken, was gerade passiert

A4 ¿El pendiente es tuyo? 14

Ausdrücken, wem etwas gehört

B Cuéntame qué pasó

B1 Tuve mi primera cita en verano de 1993. 16

Vergangene Erlebnisse verstehen und beschreiben

B2 Fue una experiencia interesantísima. 18

Besondere Erfahrungen verstehen und beschreiben

B3 El curso de español me encantó. 22

Ein vergangenes Erlebnis bewerten

B4 El año más importante de la historia de mi país. 24

Ein für mich wichtiges historisches Ereignis beschreiben

C De regalos y tiendas

C1 Al abuelo le podemos regalar una corbata. 25

Ideen für Geschenke beschreiben und eine Auswahl begründen

C2 No he encontrado nada para mamá. 28

Angaben zu Unbestimmtem verstehen und machen

C3 Me gusta hacer jarrones de cerámica. 30

Gegenstände beschreiben (Material, Form, Design) und bewerten

C4 ¿Los gastos de envío están incluidos? 32

Sich über Produkte und deren Eigenschaften informieren

Seite

D Así eran las cosas

D1 De joven siempre llevaba bigote. 34
Lebensumstände und Eigenschaften in der Vergangenheit beschreiben

D2 Antes veíamos la televisión en blanco y negro. 36
Vergangenheit und Gegenwart vergleichen

D3 Me acuerdo de las comidas familiares. 38
Erinnerungen verstehen und beschreiben

D4 ¿Y tú dónde estabas? 40
Begleitumstände und Handlungen in der Vergangenheit beschreiben

D5 De repente, todos me miraron de forma extraña. 42
Eine Erzählung strukturieren und bewerten

E El placer de comer bien

E1 El pan nunca falta en la mesa. 45
Einfache Texte über Ernährung und Gastronomie verstehen und schreiben

E2 El guacamole estaba un poco salado. 48
Ein Gericht bewerten

E3 Bate los huevos y échalos a la olla. 51
Rezepte verstehen und erklären, wie man ein Gericht zubereitet

F Mente sana en cuerpo sano

F1 Estoy muy estresado y de mal humor. 56
Das eigene Befinden und den Gesundheitszustand beschreiben

F2 Me duele la garganta. 58
Körperliche Beschwerden beschreiben und einen Ratschlag dazu verstehen

F3 ¡Apuntaos al gimnasio! 60
Das Angebot eines Fitnessstudios verstehen und bewerten

F4 ¿Los masajes están incluidos? 62
Das Angebot eines Kurhotels verstehen und weitere Fragen dazu stellen

F5 Me encantaron las instalaciones del balneario. 64
Bewertungen eines Sport- oder Kurangebotes verstehen und schreiben

Seite

G El mundo laboral

G1 Para mí es importante la estabilidad. 66
Arbeitsbedingungen verstehen und beschreiben

G2 Se ofrece contrato temporal. 68
Stellenanzeigen verstehen

G3 Acabo de preparar mi currículum. 70
Einen Lebenslauf verfassen

G4 Me dirijo a ustedes en respuesta a su oferta. 73
Ein Bewerbungsanschreiben verfassen und meine Fähigkeiten und Eigenschaften beschreiben

H De ciudades y barrios

H1 La ciudad tiene mucha oferta cultural. 75
Eine Stadt beschreiben und bewerten

H2 ¡No te puedes perder el Teatro Colón! 78
Attraktionen einer Stadt beschreiben und bewerten

H3 Gracia no tiene tantos parques como Pedralbes. 81
Verschiedene Stadtviertel vergleichen

H4 El mayor problema de la ciudad es el tráfico. 83
Probleme einer Stadt beschreiben

I El mundo de hoy y del futuro

I1 ¡Estamos al día! 85
Meinen Mediengebrauch beschreiben

I2 Las viviendas serán muy diferentes. 87
Sich über Wohnen und Haushalt austauschen

I3 Yo creo que desaparecerá la prensa en papel. 90
Aussagen über das Leben in der Zukunft machen

I4 Tenemos que reciclar los residuos. 92
Nachrichten zu Umweltthemen und eine Anleitung zum Thema Mülltrennung verstehen

Lösungen 94

Vorwort

Liebe Lernerinnen, liebe Lerner,

Spanisch üben Lesen & Schreiben A2 ist ein Übungsbuch für Anfänger mit Vorkenntnissen auf dem Niveau A2 zum selbstständigen Üben und Wiederholen. Es eignet sich auch für den unterrichtsbegleitenden Einsatz, zur Überbrückung von Kurspausen oder zur Vorbereitung auf Prüfungen der Niveaustufe A2 des *Gemeinsamen Europäischen Referenzrahmens*.

Spanisch üben Lesen & Schreiben A2 orientiert sich an den gängigen A2-Lehrwerken für den Kursunterricht und trainiert die Fertigkeiten Lesen und Schreiben auf diesem Niveau. Die abwechslungsreichen Übungen behandeln alle für die Bewältigung der schriftlichen Alltagskommunikation wichtigen Themen und den entsprechenden Wortschatz. Authentische Textsorten wie E-Mail, Formular oder Chat unterstützen dabei das Leseverstehen und geben Ihnen mehr Sicherheit im schriftlichen Ausdruck.

Die Lösungen zu allen Übungen finden Sie im Anhang. Zu den Übungen, in denen Sie selbst einen Text schreiben sollen, geben wir jeweils eine mögliche Lösung an.

Und nun wünschen wir Ihnen viel Spaß und viel Erfolg!

Autorin und Verlag

A Te invito a mi fiesta

A1 Confirmad vuestra asistencia.

**1a Welche Anlässe stellen die Fotos dar?
Ordnen Sie die Begriffe dem jeweils richtigen Foto zu.**

inauguración • cumpleaños • graduación • boda • Nochevieja • Navidad

 A ____________________

 B ____________________

 C ____________________

D ____________________

 E ____________________

 F ____________________

**1b Lesen Sie die Nachrichten und ordnen Sie sie dem richtigen Anlass von 1a zu.
Zwei Anlässe bleiben übrig.**

SMS 1 ☐ ¡Felices fiestas, Carmen! Imagino que ahora estás preparando la cena de Nochebuena para toda tu familia. ¡Disfruta de tus nietos! Te voy a llamar mañana. Un beso, Soledad

SMS 2 ☐ ¡Enhorabuena, Carlos! Después de tantos años de estudio, ¡por fin ya eres médico! Nos alegramos mucho y estamos muy orgullosos de ti. Besos, tu tía Lola y tu tío Vicente

SMS 3 ☐ ¡Felicidades, Patricia! Pasa un buen día. Un abrazo, Marcos

SMS 4 ☐ ¡Feliz Año Nuevo! Mis mejores deseos para el nuevo año para ti y para toda tu familia. ¡Salud, dinero y amor! Saludos, Raúl

1c Lesen Sie die E-Mails und kreuzen Sie an, ob sie formell oder informell sind.

E-Mail 1 formell ☐ informell ☐

Estimados estudiantes de la Facultad de Medicina:

Tenemos el placer de invitarles a la ceremonia de graduación el día 28 de junio a las 19 horas en el salón de actos de la universidad. Vamos a repartir los diplomas, hacer la foto de grupo y celebrar el final de la carrera con un aperitivo. Por favor, traigan un máximo de tres personas por estudiante. ¡Les esperamos a todos!

Atentamente,
Dr. Juan Martínez

PD: Por favor, confirmen su asistencia en secretaría.

E-Mail 2 formell ☐ informell ☐

Querida familia:

Esteban y yo le estamos organizando una fiesta sorpresa a nuestro padre, que se jubila el mes que viene, ¡por fin! Para celebrar la ocasión, os invitamos a todos a la fiesta el viernes 15 de abril a partir de las 18 horas en casa de nuestros padres. No tenéis que traer nada de comida o de bebida. El tema de la fiesta es los años setenta, así que traed algo típico hippy (ropa de colores, unas gafas grandes...). ¡Le va a encantar! ¡Contamos con vosotros! Por favor, confirmad vuestra asistencia.

Un beso,
Esteban y Marisa

PD: Recordad que es una fiesta sorpresa. ¡Papá no sabe nada!

1d Lesen Sie die E-Mails noch einmal und unterstreichen Sie die richtige Option.

1. La graduación va a tener lugar por la mañana / por la tarde.
2. Los estudiantes pueden traer dos / tres personas como máximo a la graduación.
3. Para la graduación no es necesario / es necesario confirmar la asistencia.
4. Esteban y Marisa están organizando una fiesta de jubilación / de cumpleaños.
5. Para la fiesta sorpresa hay que traer comida y bebida / ropa hippy.

1e Lesen Sie ein letztes Mal und finden Sie in beiden E-Mails die Ausdrücke, die verwendet werden, um ...

1. den oder die Empfänger zu begrüßen? *Estimados…* ______________________

2. zu einer Feier einzuladen? ______________________

3. eine Anwesenheitsbestätigung zu erbitten? ______________________

4. sich zu verabschieden? ______________________

5. eine zusätzliche Notiz am Ende hinzuzufügen? ______________________

Bei formellen Schreiben verwendet man *Estimado/-a/-os/-as* und die Anrede *señor (Sr.) / señora (Sra.)* + Nachname, sowie die Höflichkeitsform *(usted/es)*. Bei informellen Schreiben verwendet man *Querido/-a/-os/-as* zusammen mit dem Vornamen und der du/ihr-Form:
Estimado Sr. Pérez: **/ Estimada** Sra. Pérez: / **Querido** Juan: / **Querida** Paula:

1f Übernehmen Sie jetzt die Rolle von Fernando, der eine Silvesterparty bei sich zu Hause vorbereitet. Schreiben Sie eine informelle Einladung per E-Mail mithilfe der folgenden Angaben und der Ausdrücke aus 1e.

– Für wen? Seine Freunde
– Was? Silvesterparty
– Wann? Am 31. Dezember ab 21 Uhr
– Wo? Bei Fernando
– Die Gäste müssen nichts mitbringen.
– PS: Anwesenheit bestätigen

Queridos amigos:

Para celebrar el Año Nuevo todos juntos…

A2 ¿Llevamos cerveza o vino?

2a Alberto und Elena schicken Esteban und Marisa ihre Zusage für die Überraschungsparty. Lesen Sie die E-Mail und kreuzen Sie an, was sie zur Party mitbringen möchten.

A ☐ B ☐ C ☐ D ☐ E ☐ F ☐ G ☐ H ☐

Queridos Esteban y Marisa:

¡Por supuesto! Claro que vamos a la fiesta. A la fiesta de jubilación de nuestro tío Emilio no podemos faltar. El tema de la fiesta es perfecto para él. Era *hippy* en los setenta, ¿verdad?

¿Qué llevamos? Habéis dicho que no tenemos que llevar nada pero os queremos ayudar en la preparación. ¿Llevamos cerveza o vino? ¿Qué preferís? Y algunos zumos para los niños. ¿De naranja, manzana o piña? ¿Cuáles queréis? Además, nos podemos ocupar de llevar una tarta, porque al tío Emilio le encantan los dulces. ¿De chocolate o de nata? ¿Cuál le gusta más?

Hemos buscado en el armario y hemos encontrado muchas cosas de Carnaval para llevar a la fiesta: pantalones de campana, camisas de flores... Incluso gafas enormes, típicas de los setenta. Además, Elena sabe pintar muy bien y puede pintar un cartel grande como decoración para la fiesta. ¿Qué os parece? Estamos en contacto.

Un beso, Alberto y Elena

Ir und *llevar* drücken eine Bewegung vom Sprecher weg aus (*dorthin*): **Voy** a tu casa y **llevo** unas botellas de vino. *Venir* und *traer* drücken eine Bewegung zum Sprecher hin aus *(hierher)*: **Vienes** a mi casa y **traes** unas botellas de vino.

2b Lesen Sie die Antwort von Esteban und unterstreichen Sie die richtige Option.

Queridos Alberto y Elena:

¡Qué bien que venís! Podéis traer algunas botellas de vino porque todavía tenemos muchas cervezas del cumpleaños de Marisa el mes pasado. A mis hijos les gusta mucho el zumo de piña pero podéis traer también de naranja.

No hemos pensado en ninguna tarta pero es buena idea. Además a papá le encanta el chocolate, así que podéis traer una tarta de chocolate.

Vuestra idea del cartel es muy buena. El primo Mario me ha dicho que va a traer una lista de canciones típicas de los setenta.

Un abrazo y besos a los niños, Esteban

1. Esteban y Marisa ya tienen muchas botellas de vino muchas cervezas.
2. A los hijos de Esteban les gusta el zumo de piña el zumo de naranja.
3. Alberto y Elena pueden traer una tarta de chocolate el resto de la comida.
4. Mario se ocupa de la decoración de la música.

2c Lesen Sie die E-Mails von 2a und 2b noch einmal und unterstreichen Sie danach die richtige Option.

1. Alberto y Elena dicen que vienen van a la fiesta de jubilación de su tío y quieren llevar traer una tarta. Además, dicen que Elena puede llevar traer un cartel como decoración.
2. Esteban les responde: ¡Qué bien que vais venís! También les dice que pueden llevar traer vino, zumos y una tarta de chocolate.

2d Übernehmen Sie jetzt die Rolle von Aitor, der zur Silvesterparty von Fernando eingeladen ist. Schreiben Sie eine kurze Zusage per E-Mail mithilfe der Angaben.

Aitor will etwas zu trinken mitbringen: Wein oder Sekt? Und Säfte: Apfel oder Ananas? Er kann sich um die Musik kümmern.

Querido Fernando:

¡Por supuesto! Claro que Carla y yo vamos a tu fiesta…

A3 Estamos buscando aparcamiento.

3a Esteban chattet mit Alberto am Tag der Überraschungsparty (siehe 2a). Lesen Sie den Chat und kreuzen Sie auf Seite 13 an, welche Aussagen richtig *(verdadero)* und welche falsch *(falso)* sind.

Alberto, ¿estáis de camino? Hay que colgar el cartel todavía... 16:30

Estamos casi listos. Elena está recogiendo la tarta en la pastelería y los niños se están vistiendo. En unos minutos salimos. 16:35

¿Me podéis hacer un favor? Es que he olvidado las servilletas de papel... ¿Podéis pasar por el supermercado? 16:36

Sí, claro. Hay uno de camino. Nosotros nos ocupamos. 16:37

¡Gracias! 16:40

¿Tenéis las servilletas? 17:10

Sí, estamos pagando en la caja. Y los niños se están peleando, para variar... 17:15

Vale, aquí os esperamos. 17:16

¿Dónde estáis? 17:40

En tu barrio. Estamos buscando aparcamiento. 17:45

Venid rápido. Mi padre está comprando algo en el centro comercial, ¡pero va a llegar en pocos minutos! 17:46

Estar + gerundio wird verwendet, um auszudrücken, dass etwas gerade in diesem Moment geschieht: ¿Qué **estás haciendo**? – **Estoy tomando** un café.

	v	f
1. Elena ha hecho la tarta en casa.	☐	☐
2. A las 16:30 los niños ya se han vestido.	☐	☐
3. Alberto dice que ellos van a comprar las servilletas.	☐	☐
4. A las 17:15 los niños se están peleando en el supermercado.	☐	☐
5. A las 17:45 todavía no han aparcado el coche.	☐	☐

3b Fernando und Aitor aus Aufgabe 2d chatten am Tag der Silvesterparty. Übernehmen Sie die Rolle von Fernando. Was Sie sagen sollen, ist auf Deutsch angegeben.

Aitor, ¿estáis de camino? 19:45

Nein, ich ziehe mich gerade an und Carla duscht gerade.

____

____

¿Me podéis hacer un favor? No tengo uvas para todos... ☹ 19:46

Klar, wir können noch mehr Trauben mitbringen. Wir kaufen ein Kilo, ok?

____

____

¡Sí! Perfecto, ¡gracias! 19:50

¿Tenéis las uvas? 20:25

Ja, wir warten gerade an der Kasse.

____

¿Dónde estáis? Ya han llegado todos... 21:30

Wir suchen gerade einen Parkplatz in deiner Straße.

____

____

Es ist ein beliebter Brauch in Spanien, zu Silvester bei den zwölf Glockenschlägen um Mitternacht zwölf Trauben zu essen. Laut der Tradition gehen alle Wünsche für das folgende Jahr in Erfüllung, wenn man bei jedem Glockenschlag eine Traube isst.

A4 ¿El pendiente es tuyo?

4a Am Tag nach der Überraschungsparty (siehe 3a) schreibt Marisa eine E-Mail an Elena. Lesen Sie die E-Mail und schreiben Sie die Namen der mutmaßlichen Besitzer unter die vergessenen Gegenstände.

Querida Elena:

¡Muchas gracias por venir a la fiesta sorpresa! ¡Y muchas gracias por vuestra colaboración! Mi padre va a tener un recuerdo especial para toda su vida.

Te escribo porque estamos limpiando la casa y hemos encontrado algunos objetos que seguramente son vuestros. ¿El pendiente es tuyo, Elena? Creo que ayer lo llevabas tú. ¿Y el pañuelo es de Laura? Quizás es suyo porque es de su estilo. ¿Crees que las gafas de sol son de Mario? Porque siempre las olvida en todas partes pero no sé si estas son suyas. ¿Y las llaves? Creo que son de Alberto.

Besos,
Marisa

A *Elena* ____ B ____ C ____ D ____

4b Lesen Sie die E-Mail noch einmal und notieren Sie alle Wörter, die Besitz ausdrücken.

vuestros, ____

4c Lesen Sie die Chatnachricht, mit der Elena Marisa antwortet, und kreuzen Sie jeweils die richtige Aussage auf Seite 15 an.

Gracias por tu e-mail –y por la invitación. ¡Lo pasamos genial! Y sí, ¡el pendiente es mío! ¡Qué alegría, no lo he perdido! 🙂 Y el pañuelo es de Laura, se lo regalé yo el año pasado. Yo también creo que las gafas son de Mario, ¡siempre que hay gafas de sol "perdidas", son suyas! 😂 Ah, y las llaves son de Alberto –¡qué cabeza tiene! ¡Menos mal que están ahí! Luego vamos a recoger nuestras cositas. ¡Te llamo! 😚

1. Elena dice que el pendiente es...
   a. ☐ de Laura.
   b. ☐ suyo.
   c. ☐ de Marisa.
2. El pañuelo es...
   a. ☐ de Laura.
   b. ☐ de Marisa.
   c. ☐ de Elena.
3. Elena cree que las gafas de sol son...
   a. ☐ suyas.
   b. ☐ de Mario.
   c. ☐ de Alberto.
4. Las llaves son...
   a. ☐ de Elena.
   b. ☐ de Mario.
   c. ☐ de Alberto.

Die Possessivpronomen (z. B. *mío, tuya, suyos, nuestras* etc.) ersetzen ein Substantiv: ¿De quién son **estas llaves**? – Son **mías**. / El pendiente es **suyo**.

4d Übernehmen Sie die Rolle von Fernando, der am Tag nach der Party (siehe 2d) mit Aitor chattet. Was Sie sagen sollen, ist auf Deutsch angegeben.

Aitor, ¡muchas gracias por venir a la fiesta!

Danke dir für die Einladung! Wir hatten viel Spaß!

____
____

¿Estos guantes son tuyos?

Ja, es sind meine! Super, ich habe sie nicht verloren!

____
____

¿Y la bufanda es de Juan?

Ja, der Schal ist seiner.

____

¿Crees que el móvil es de Mónica?

Nein, ich glaube, es ist von Javier.

____
____

B Cuéntame qué pasó

B1 Tuve mi primera cita en verano de 1993.

1a Im Internetforum „El coleccionista de historias" („Der Geschichtensammler") erzählen einige Teilnehmer von besonderen Erlebnissen. Lesen Sie die Beiträge und kreuzen Sie das Thema von heute an. Passen alle Beiträge zu dem Thema?

☐ la última vez que hicisteis algo ☐ la primera vez que hicisteis algo

Beitrag 1 – Foto ____
¡Hola a todos! Yo recuerdo muy bien el viaje que hice con mi mujer a los Pirineos en invierno de 1985. Me impresionó mucho ver la montaña blanca porque fue la primera vez que vi la nieve en mi vida. Me gustó tanto que quise hacer un curso de esquí. Y el curso no fue muy bien porque me caí y mi mujer me llevó al hospital. Al final, me operaron... Saludos, Pepe

Beitrag 2 – Foto ____
¡Buenos días! Yo nunca voy a olvidar el día que conocí a mis suegros. Conocí a Paco, mi marido, en 1987 y después de unos meses sus padres me invitaron a comer a su casa para conocerme. La comida fue bien pero cuando me levanté para ir al baño... ¡Rompí un jarrón! ¡Qué horror! Hasta pronto, Rebeca

Beitrag 3 – Foto ____
Pues yo recuerdo mi primer viaje al extranjero en 1997. Fui a París con mi mujer y la ciudad nos encantó pero me robaron el pasaporte. O lo perdí, no lo sé. Fui a la policía pero yo no hablo francés... Así que tuve que hacer dibujos y gestos hasta que el policía me comprendió. ¡Fue desesperante! Un saludo, Isidro

Beitrag 4 – Foto ____
Yo tengo un recuerdo especial de mi primera cita con mi esposa. Fue en verano de 1993. Yo llegué unos veinte minutos antes, así que decidí tomar un café en un bar y esperé. Se me cayó la taza y, ¡el café fue directamente a mi camisa blanca! Fui a la cita con una mancha marrón enorme... Pero a ella no le molestó. ¡Pasamos una tarde estupenda! Hasta luego, Manuel

1b Lesen Sie die Beiträge noch einmal und ordnen Sie die Fotos dem passenden Beitrag zu.

A

B

C

D

1c Lesen Sie ein weiteres Mal und unterstreichen Sie die richtige Option.

1. En los Pirineos Pepe tuvo un accidente conoció a su mujer.
2. En casa de sus suegros Rebeca no comió nada rompió un objeto.
3. En París, Isidro habló francés tuvo problemas de comunicación con un policía.
4. Manuel decidió tomar un café antes de la cita durante la cita.

1d Hanna, eine deutsche Spanischlernerin, schreibt auch einen Beitrag für das Internetforum. Lesen Sie den Beitrag und unterstreichen Sie die richtige Option.

¡Hola a todos! Recuerdo la primera vez que yo viajó viajé a Granada en verano de 2017 para hacer un curso de español. El primer día salí de clase, fui fue a un bar con un compañero y pedí pidí una cerveza. El camarero me servió sirvió la cerveza con un plato pequeño con tortilla. Yo no decí dije nada y comí la tortilla. Después, mi compañero pedió pidió otra cerveza y el camarero se la trajo trayó con un plato pequeño con carne en salsa. Entonces nosotros hablamos hablimos con el camarero y él nos expliqué explicó que en Granada es tradición servir con la bebida un pequeño plato gratuito de comida. ¡Me encanta Granada!

1e Übernehmen Sie die Rolle von Lucía, die im Internetforum von ihrem ersten Arbeitstag berichtet. Schreiben Sie einen kurzen Beitrag mithilfe der Angaben.

(ich) früh aus dem Haus gegangen; die U-Bahn genommen – mein Freund: mich in der U-Bahn angerufen – (ich) die Haltestelle verwechselt und an der falschen Haltestelle ausgestiegen – musste ein Taxi nehmen aber bin zu spät zur Arbeit gekommen – mein Chef: nichts über meine Verspätung gesagt – (ich) Glück gehabt!

¡Hola a todos! Yo recuerdo muy bien mi primer día de trabajo…

B2 Fue una experiencia interesantísima.

2a Carlos denkt darüber nach, eine Motorradreise durch Spanien zu machen. Lesen Sie den Chat mit seinem Freund Miguel. Kann Miguel Carlos für die Motorradreise begeistern?

Miguel, tú hiciste un ruta en moto por el centro de España el año pasado, ¿verdad?

Sí, y fue una experiencia interesantísima. ¡Te la recomiendo!

¿Cuánto duró el viaje?

Dos semanas aproximadamente.

¿Y qué ciudades visitaste?

Subí a Salamanca, pasé por Ávila y Segovia y llegué hasta Cuenca. Y desde allí volví a casa.

¿Qué ciudad te gustó más?

Es una pregunta muy difícil. ¡Todas me encantaron! En Salamanca conocí a otros moteros como yo. Y el casco antiguo de Cuenca es mágico por la noche.

Y seguro que comiste genial...

Comí de maravilla. ¡Engordé tres kilos en dos semanas! En Ávila y en Segovia probé los platos típicos de carne... ¡En esa zona tienen una gastronomía riquísima!

Oye, ¿y tuviste suerte con el tiempo?

En general hizo un tiempo buenísimo excepto en el viaje de vuelta. Llovió un poco... Además, tuve problemas con la moto. Pero es una experiencia que te recomiendo al 100%.

¡Me has convencido! ¡Ya tengo la ruta de este año!

2b Lesen Sie noch einmal den Chat und kreuzen Sie an, welche Aussagen richtig *(verdadero)* und welche falsch *(falso)* sind.

	v	f
1. Miguel hizo una ruta por España hace dos años.	☐	☐
2. Miguel visitó en total cuatro ciudades.	☐	☐
3. En la ruta Miguel no conoció a nadie.	☐	☐
4. La comida de la zona le gustó mucho a Miguel.	☐	☐
5. Hizo muy buen tiempo todos los días de la ruta.	☐	☐

2c Verónica plant ihren Sommerurlaub in Österreich und chattet mit Johannes, ihrem Tandempartner. Übernehmen Sie die Rolle von Johannes. Was Sie sagen sollen, wird auf Deutsch vorgegeben.

una ruta = eine Rundreise
una excursión = ein Ausflug

Johannes, tú fuiste a Austria el año pasado, ¿no?

Ja, letzten Sommer habe ich mit meiner Familie eine Rundreise in Österreich gemacht.

____
____

¿Y os gustó?

Ja, es war unglaublich!

____

¿Qué hicisteis?

Die ersten Tage haben wir Museen und Schlösser in Wien besucht. Und das war ein bisschen stressig mit den Kindern.

____
____
____

¿Y dónde más fuisteis?

Danach sind wir nach Tirol gefahren. Wir haben viele Ausflüge in die Berge gemacht. Es war fantastisch!

____
____

¿Y qué tal el alojamiento?

Wir waren in sehr schönen Hotels. Und das Personal war sehr nett zu uns.

____
____

2d Carlos hat mit seiner Rundreise im Zentrum Spaniens begonnen und veröffentlicht einen Eintrag in seinem Reiseblog. Lesen Sie den Text und kreuzen Sie an, was er bis jetzt gemacht hat.

¡Hola a todos!

Últimamente no he escrito mucho en el blog pero, ¡aquí estoy de nuevo en otra aventura! Hace dos meses un amigo me dio unas recomendaciones para mi ruta de este año. Ahora os explico:

Hace dos semanas empecé mi ruta en Mérida, ciudad conocida por el Teatro Romano. Vi una obra de teatro al aire libre. ¡Me encantó! La semana pasada también fui a Cáceres, donde pude visitar el casco antiguo de la ciudad por la noche. ¡Lo recomiendo! Además, conocí a gente simpatiquísima.

Esta semana he llegado a Castilla y León. He paseado por pueblos fantásticos y me ha gustado especialmente La Alberca, un pueblo pequeño con mucho encanto. Ya he estado en Salamanca, donde he hecho una visita guiada para conocer mejor la ciudad. La catedral y la universidad (la más antigua de España) me han impresionado mucho.

Ayer estuve en Ávila y visité su famosa muralla. El guía nos explicó historias interesantísimas. Y claro, probé el conocido "chuletón de Ávila", un gran trozo de carne de vaca de unos 700 gramos... Y hoy he llegado a Segovia, donde he hecho muchas fotos al acueducto romano. ¡Es espectacular! Todavía no he probado el "cochinillo", el plato típico de la ciudad.

Mañana voy a ir Cuenca y quizás también voy a Madrid a visitar a algunos amigos. ¡Me encanta viajar en moto! Y vosotros, ¿habéis estado alguna vez en esta zona? ¿Queréis hacer un viaje y necesitáis recomendaciones? ¡Escribidme al blog!

Hasta pronto,
Carlos

a. ☐ comenzar la ruta en Cáceres

b. ☐ ver una obra en el Teatro Romano de Mérida

c. ☐ conocer a gente muy simpática en Cáceres

d. ☐ hacer una visita guiada en La Alberca

e. ☐ ver la catedral y la universidad de Salamanca

f. ☐ ver la muralla de Ávila

g. ☐ probar la gastronomía típica en Segovia

h. ☐ hacer fotos al acueducto de Segovia

i. ☐ ir a Cuenca

j. ☐ visitar a unos amigos en Madrid

Das *pretérito perfecto* wird für vergangene Handlungen verwendet:
- wenn der Zeitraum noch nicht abgeschlossen ist: **hoy, esta semana, este mes, este año, últimamente,** usw.
- wenn der Zeitpunkt nicht relevant ist: **ya, todavía no, alguna vez,** usw.

Das *pretérito indefinido* wird für vergangene Handlungen verwendet, die keinen Bezug zur Gegenwart haben (der Zeitraum ist abgeschlossen): **ayer, la semana pasada, el mes pasado, el año pasado, en 2018, hace dos años, hace mucho (tiempo)**, usw.

2e Lesen Sie den Blogeintrag noch einmal. Mit welchen Verbformen werden die folgenden Zeitangaben kombiniert? Ergänzen Sie die Aussagen und kreuzen Sie an.

a. últimamente *no he escrito* ☒ perfecto ☐ indefinido
b. hace dos semanas *empecé* ☐ perfecto ☒ indefinido
c. la semana pasada ____________ ☐ perfecto ☐ indefinido
d. ayer ____________ ☐ perfecto ☐ indefinido
e. hoy ____________ ☐ perfecto ☐ indefinido
f. todavía no ____________ ☐ perfecto ☐ indefinido
g. ¿____________ alguna vez en esta zona? ☐ perfecto ☐ indefinido

2f Hanna, eine deutsche Bekannte von Carlos, hat den Blogeintrag gelesen und Lust bekommen, die genannten Städte zu besuchen. Übernehmen Sie die Rolle von Hanna und schreiben Sie Carlos eine Nachricht anhand der Angaben.

Einleitung: heute Morgen: Blogeintrag gelesen – heute Nachmittag: entschieden, Zentrum Spaniens zu besuchen – vor zwei Jahren: Andalusien – sehr gut gefallen – letztes Jahr: nach Barcelona gereist – noch nicht: Zentrum Spaniens

Fragen: (du) jemals in Madrid? – Tipps (für Madrid)? – wie lange in Salamanca letzte Woche? – (du) in Ávila auf Stadtmauer *(muralla)* hinaufgestiegen? – (du) schon viel Geld ausgegeben?

Querido Carlos:

Esta mañana he leído tu entrada en el blog…

____

____

____

____

B3 El curso de español me encantó.

3a Hanna hat entschieden, auf ihrer Spanienreise auch einen Sprachkurs zu machen. Sie liest in einem Forum Bewertungen der Sprachschule *AprendeELE* in Salamanca. Lesen Sie die Bewertungen und geben Sie mit einem Smiley an, ob sie positiv (🙂) oder negativ (☹) sind.

Bewertung 1: ____
¡Hola a todos! Me llamo Verena, soy alemana y estudio español desde hace cinco años. El verano pasado quise mejorar mi español y por eso hice un curso de dos semanas en *AprendeELE*. El curso me encantó. Las clases fueron muy divertidas, aprendí mucho vocabulario y hablamos mucho. ¡La recomiendo!

Bewertung 2: ____
¡Hola! Mi nombre es Marco, soy italiano y estudio español desde 2018. Esta semana he hecho un curso intensivo en la escuela *AprendeELE* y me he aburrido bastante. Hemos visto tres películas y hemos hablado muy poco... Y no hemos escrito mucho. En mi opinión hemos jugado demasiado en clase y hemos aprendido muy poco. No recomiendo esta escuela; es poco profesional.

Bewertung 3: ____
¡Buenos días! Mi nombre es Ute y soy una jubilada suiza. Empecé a estudiar español hace tres años. El español me encanta, pero me cuesta la pronunciación. Por eso hice un curso el año pasado en *AprendeELE*. Las clases me gustaron mucho. Hicimos muchos ejercicios de gramática, escuchamos audiciones y mejoré la pronunciación. ¡Este año quiero volver!

Dem deutschen „seit" entspricht im Spanischen *desde* und *desde hace*:
- *Desde* verwendet man, um einen Zeitpunkt anzugeben: Vivo en Berlín **desde 2005**.
- *Desde hace* verwendet man, um einen Zeitraum anzugeben: Vivo en Berlín **desde hace tres años.**

Das deutsche „vor" wird in der Regel mit *hace* übersetzt: Empecé a estudiar español **hace dos años.**

3b Lesen Sie noch einmal die Bewertungen und kreuzen Sie die richtigen Aussagen an.

1. A Verena le gustaron...
   a. ☐ los profesores.
   b. ☐ los compañeros.
   c. ☐ las clases.
2. Marco dice que en clase...
   a. ☐ han hablado poco.
   b. ☐ han hablado y han escrito poco.
   c. ☐ han jugado poco.
3. Ute...
   a. ☐ ha empezado a estudiar español este año.
   b. ☐ empezó a estudiar español el año pasado.
   c. ☐ estudia español desde hace tres años.
4. Para Ute es difícil...
   a. ☐ la pronunciación.
   b. ☐ escuchar audiciones.
   c. ☐ la gramática.

3c Hanna hat einen Sprachkurs bei *AprendeELE* gemacht und will danach eine Bewertung für das Forum verfassen. Übernehmen Sie ihre Rolle und schreiben Sie eine kurze Bewertung mithilfe der Angaben.

seit vier Jahren Spanisch lernen – seit 2017 jeden Sommer einen Sprachkurs in Spanien gemacht – letzten Monat einen Kurs in Schule *AprendeELE* – Kurs generell gut gefallen (viel Wortschatz gelernt, Aussprache verbessert) – Unterricht manchmal etwas langweilig

¡Hola a todos! Me llamo Hanna y soy de Múnich. Aprendo español…

B4 El año más importante de la historia de mi país.

4a In einem Internetforum wird eine Umfrage zum Thema „Das wichtigste Jahr in der Geschichte meines Landes“ gemacht. Lesen Sie die Beiträge und schreiben Sie den Buchstaben des jeweils passenden Fotos neben den Beitrag.

A

B

C

Beitrag 1 – Foto ____

En mi opinión, el año más importante de la historia de mi país fue el 2002. En aquel año, dijimos adiós a las pesetas y empezamos a utilizar el euro como moneda. Todavía recuerdo el primer billete de 10 euros que tuve en las manos.

Beitrag 2 – Foto ____

Para mí, el año más importante de la historia de mi país, especialmente de mi ciudad, fue el 1992. En aquel año tuvieron lugar los Juegos Olímpicos en Barcelona (los únicos que se han celebrado en España hasta ahora). La ciudad cambió mucho: construyeron estadios deportivos, autopistas, el Puerto Olímpico…

Beitrag 3 – Foto ____

Pues para mí, el año más importante de la historia de España fue el 1977. Los españoles pudimos votar por primera vez en unas elecciones democráticas después de cuarenta años de dictadura. Para mí fue muy emocionante.

4b Übernehmen Sie wieder die Rolle von Hanna, die auch an der Umfrage teilnehmen will. Schreiben Sie einen kurzen Beitrag mithilfe der Angaben.

- 1989: caer el muro de Berlín
- mi padre: ir a Berlín Este; poder ver a su familia otra vez; conocer a mi madre allí
- yo: nacer un año después

Para mí, el año más importante de la historia de Alemania fue el 1989. En aquel año…

____

____

____

C De regalos y tiendas

C1 Al abuelo le podemos regalar una corbata.

1a Sara schreibt ihrer Schwester Nuria eine E-Mail. Lesen Sie sie und kreuzen Sie an, welcher Betreff passt.

☐ cumpleaños de mamá ☐ el Día de la Madre ☐ regalo de Navidad para mamá

¡Hola, Nuria!

Te escribo porque tenemos que pensar en un regalo para mamá. Faltan solo tres semanas... pero tengo algunas ideas. Yo creo que pueder ser buena idea regalarle un móvil nuevo porque el suyo es muy viejo. Ya sabemos que a mamá no le interesa mucho la tecnología pero, ¿y una tableta? Quizás con una pantalla más grande le gusta navegar en Internet. Si estas ideas no te gustan, podemos regalarle alguna blusa o algún vestido. No es muy original pero eso siempre es práctico. O un ramo de flores porque a mamá le encantan.

Ya le hemos regalado una novela este año por su cumpleaños. Y mamá lee mucho pero no podemos comprarle otra vez un libro... Y su pasión son los perfumes, pero ya le regalamos uno en Navidad. Es difícil encontrar algo original para el Día de la Madre.

¿Tú qué piensas? ¿Te gustan mis ideas o tienes otras propuestas?

Besos, Sara

1b Lesen Sie die E-Mail noch einmal und kreuzen Sie an, welche Geschenke Sara vorschlägt.

1c Nuria beantwortet die E-Mail ihrer Schwester. Lesen Sie ihre Antwort und kreuzen Sie an, welche Aussagen richtig *(verdadero)* und welche falsch *(falso)* sind.

Querida hermana:

Sí, el Día de la Madre está muy cerca y tenemos que pensar en algo para la nuestra. Es verdad que el móvil de mamá es muy viejo pero todavía funciona. Ya la conoces; seguro que no quiere uno nuevo. Además, creo que es un regalo poco personal. Y la tableta... No sé, se la podemos regalar pero yo creo que mamá no la va a usar.

Los ramos de flores son muy bonitos y a mamá le encantan, pero es el típico regalo del Día de la Madre. Todo el mundo regala lo mismo. Y la ropa es práctica pero siempre le regalamos ropa cuando no sabemos qué le podemos comprar. ¿Y si le regalamos un pañuelo o un bolso? A mamá le encantan los accesorios. O incluso un collar o unos pendientes.

El Día de la Madre podemos comer las tres juntas y en el almuerzo le damos el regalo. ¿Qué te parece? ¿Te puedes ocupar tú de comprarlo? Es que no tengo tiempo para ir de compras y tú vives en el centro. 🙂

Un beso,
Nuria

Nuria...	v	f
1. ...cree que un móvil nuevo es una buena idea.	☐	☐
2. ...piensa que la madre no va a usar la tableta.	☐	☐
3. ...dice que un ramo de flores no es original.	☐	☐
4. ...propone un vestido para la madre.	☐	☐
5. ...dice que a la madre le gustan mucho los accesorios.	☐	☐
6. ...quiere ir con su hermana de compras.	☐	☐

Wenn *le* **oder** *les* **in Verbindung mit** *lo, la, los, las* **auftreten, werden sie zu** *se*:

Le compramos **la** bicicleta a Lidia. → **Se la** compramos.

Les compramos **un** vale a Luisa y Mario. → **Se lo** compramos.

Steht ein Hilfsverb im Satz, werden *se + lo, la, los, las* vor das Hilfsverb gestellt oder an den Infinitiv angehängt:

Le podemos comprar **la** bicicleta a Lidia. → **Se la** podemos comprar. / Podemos comprár**sela**.

Les podemos comprar **un** vale a Luisa y Mario. → **Se lo** podemos comprar. / Podemos comprár**selo**.

1d Gonzalo schreibt seiner Schwester Elvira, weil bald Weihnachten ist und er noch keine Geschenke gekauft hat. Lesen Sie seine E-Mail und vervollständigen Sie sie mit den passenden Ausdrücken.

nunca • faltan • menos mal • tal • sabes • para

Hola, Elvira:

¿Qué __________ estás? Te escribo porque __________ pocas semanas para Navidad y tenemos que pensar en algunas ideas __________ la familia. ¿Has pensado algo para papá y mamá? ¿Y para Silvia? ¿Y para el abuelo? Ya __________ que yo soy un desastre con los regalos y que __________ tengo ideas originales. ____________ que estás tú.

Un beso,
Gonzalo

1e Schreiben Sie jetzt in Ihrer Rolle als Elvira mithilfe der Fotos und Angaben eine Antwort auf Gonzalos E-Mail.

Opa: sehr elegant

Mama: praktisch

Silvia: sehr schön

Papa: originelles Geschenk

Querido Gonzalo:

Hoy he mirado algunas páginas de Internet y he visto algunas cosas interesantes.

Esta corbata se la podemos regalar al abuelo. Es muy elegante.

____

____

____

____

____

____

C2 No he encontrado nada para mamá.

2a Sara aus 1a ist gerade in der Innenstadt unterwegs und sucht nach dem Geschenk für ihre Mutter. Lesen Sie Saras Chat mit ihrer Schwester und entscheiden Sie, welches Foto mitgeschickt wurde.

A ☐ 

B ☐ 

C ☐ 

Sara, ¿has encontrado algo para mamá?

Estoy en una tienda de ropa pero no veo ningún vestido ni ninguna blusa para mamá.

¿Has entrado en la zapatería? Normalmente tienen bolsos muy originales.

Sí, pero no me ha gustado ninguno para mamá. Son muy modernos. ¿Entro en la tienda de informática?

No, Sara, olvida el móvil y la tableta para mamá. Ve a la tienda de accesorios de la esquina.

Vale, ya estoy dentro.

¿Ves algo? ¿Algún pañuelo?

Hay algunos pañuelos muy bonitos. Me he probado uno y me queda muy bien pero no sé si es el estilo de mamá. Te mando una foto.

Mmm... No, no es el estilo de mamá.

Lo siento, hermana, pero no he encontrado nada para mamá.

Voy a mirar en Internet. He oído que hay plataformas con ideas originales para regalos.

2b Lesen Sie den Chat noch einmal und unterstreichen Sie die richtige Option.

1. Sara ha encontrado un vestido / no ha encontrado nada en la tienda de ropa.
2. Sara ya ha estado en la zapatería / tienda de informática.
3. Nuria dice que los bolsos de la zapatería son muy modernos / originales.
4. Nuria cree que el pañuelo es / no es del estilo de su madre.
5. Nuria propone buscar el regalo en Internet / en un centro comercial.

2c Víctor chattet mit seiner Frau Alicia. Übernehmen Sie die Rolle von Alicia, die gerade in einem Einkaufszentrum Weihnachtsgeschenke kauft. Was Sie sagen sollen, ist auf Deutsch angegeben.

Cariño, ¿qué tal van las compras?

Für meinen Vater habe ich noch nichts gefunden. ____________________

¿Has mirado las camisas en la tienda de ropa?

Ja, aber ich habe keins für ihn gesehen. ____________________

¿Y tienes ideas para tu madre?

Ja, im Accessoiresgeschäft gibt es originelle Halsketten. ____________________

Bien. ¿Y para David has visto alguna gorra?

Nein, ich habe keine Kappe für ihn gefunden. ____________________

Vaya...

Aber ich habe etwas für dich! ____________________

Wenn *nada, nadie, ningún, ninguna* nach dem Verb stehen, braucht man die doppelte Verneinung.
No he encontrado **nada** para mamá.
No he visto **ninguna** corbata para papá.

C3 Me gusta hacer jarrones de cerámica.

3a **Nuria aus 2a sucht im Internet das Geschenk für ihre Mutter und stößt auf eine Webseite mit Anzeigen von Personen, die Kunsthandwerk verkaufen. Ordnen Sie die Anzeigen dem jeweils richtigen Foto zu.**

Anzeige 1 – Foto ____
¡Hola! Me llamo Laura y en mi tiempo libre me encanta hacer manualidades. Me gusta mucho hacer jarrones de cerámica y barro como el jarrón de la foto. Todos mis jarrones están pintados a mano. Son piezas muy bonitas y decorativas. Si quieres saber más, envíame un mensaje. Hasta pronto, Laura

Anzeige 2 – Foto ____
¡Hola a todos! ¿Os gustan mis marcos de fotos? Son rectangulares, cuadrados, ovales... Están hechos de madera o de metal. Me podéis enviar la foto que queréis regalar y yo decoro el marco según el tema. ¡Haced un regalo único y personal! ¡Escribidme! Saludos, Matilde

Anzeige 3 – Foto ____
¡Hola! Soy Eva y me encanta decorar espejos. Los tengo cuadrados, redondos, rectangulares... Decoro los espejos con madera, metal o cuero. ¡Todo está hecho a mano! Si quieres regalar un precioso y original espejo, ponte en contacto conmigo por mensaje privado. Un saludo, Eva

Anzeige 4 – Foto ____
¡Buenos días! Me llamo Carlota y me encanta decorar lámparas de manera original. Utilizo sobre todo tela, que coso a mano en todas las lámparas (funcionan con electricidad o a pilas). Si quieres hacer un regalo bonito y útil, escríbeme. Hasta pronto, Carlota

Estar + Partizip drückt das Ergebnis einer Handlung aus. Das Partizip richtet sich in Zahl und Geschlecht nach dem Bezugswort. Diese Konstruktion wird oft als Adjektiv übersetzt (handgemacht, handbemalt).

Todo **está hecho** a mano. / Todos mis jarrones **están pintados** a mano.

3b Lesen Sie die Anzeigen noch einmal. Wie beschreiben die Verkäufer ihre Produkte?

Formen: *ovales,* __________

Materialien: *cerámica,* __________

Vorzüge: *bonitas,* __________

3c Lesen Sie die Anzeigen ein weiteres Mal und verbinden Sie die Kombinationen.

1. Los jarrones están pintados	a. madera, metal o cuero.
2. Los marcos de foto son un regalo	b. cerámica y barro.
3. Los espejos están decorados con	c. a mano.
4. Las lámparas funcionan	d. único y personal.
5. Los jarrones están hechos de	e. con electricidad o a pilas.

3d Auf der Suche nach dem Geschenk hat Nuria den Blog von Leticia gefunden, die ebenfalls Kunsthandwerk verkauft. Sie beschreibt in einer E-Mail an ihre Schwester zwei mögliche Geschenke für ihre Mutter. Übernehmen Sie die Rolle von Nuria und schreiben Sie die E-Mail mithilfe der Bilder und der Angaben.

Querida Sara:

He encontrado dos posibles regalos para mamá en un blog de una chica que vende artesanías muy bonitas (te envío las fotos).

____

____

____

____

- aus Holz
- sehr schön
- handgemacht
- in verschiedenen Farben bemalt

- aus Stoff (es gibt sie auch aus Leder)
- handgenäht
- sehr nützlich und praktisch für Mama
- es gibt verschiedene Größen

C4 ¿Los gastos de envío están incluidos?

4a Lesen Sie einen Eintrag aus Leticias Blog und ergänzen Sie den passenden Titel für den Text.

¡Decora tu casa con mis ideas! ¡Descubre mis complementos hechos a mano! ¡Regala recuerdos con mis marcos de fotos!

____

¡Hola a todos!

Me llamo Leticia y soy colombiana, de Bogotá, pero desde hace tres años vivo y trabajo en un museo en Madrid. Me encantan las manualidades, por eso en mi tiempo libre hago artesanías que vendo por Internet.

Hago artículos únicos con materiales naturales y ecológicos. Mi especialidad son los accesorios y complementos. Hago collares de madera pintados a mano, pulseras de materiales vegetales, pendientes originales de barro de diferentes formas, anillos de madera o metal... También coso a mano bolsos de tela y mochilas *arhuacas*, unas mochilas típicas de Colombia que están hechas con lana y algodón de diferentes colores. ¡Entra en mi galería de fotos y vas a ver todos mis artículos!

Si estás buscando un regalo personalizado, envíame un mensaje y puedo preparar un artículo exclusivo para la persona que quieres sorprender. Envío mis artículos a todas partes de España. Si tienes preguntas, ¡escríbeme!

4b Lesen Sie den Eintrag noch einmal und kreuzen Sie die richtigen Aussagen an.

1. Leticia...
   a. ☐ es colombiana y trabaja en España.
   b. ☐ es española y vive en Bogotá.
   c. ☐ es de Madrid y trabaja en un museo.
2. Leticia hace manualidades...
   a. ☐ con plástico.
   b. ☐ con materiales naturales.
   c. ☐ con objetos reciclados.
3. Leticia usa la madera para hacer...
   a. ☐ collares.
   b. ☐ anillos.
   c. ☐ collares y anillos.
4. Leticia vende sus artesanías...
   a. ☐ en su tienda en un centro comercial.
   b. ☐ en un mercadillo.
   c. ☐ por Internet.

4c Leticia hat eine Nachricht von einem Interessenten bekommen. Lesen Sie sie und kreuzen Sie an, was Juan wissen will.

Buenos días, Leticia:

Estoy buscando un regalo para el cumpleaños de mi novia. He encontrado tu blog y me han gustado mucho tus mochilas. Quiero saber si también las haces en color azul y si puedes hacer una mochila más pequeña (mi novia no usa mochilas tan grandes). Tengo algunas preguntas más: ¿Cuánto cuesta una mochila más pequeña? ¿Cuánto tiempo dura el envío? ¿Los gastos de envío están incluidos? Vivimos en Barcelona.

Muchas gracias por tu respuesta.

Saludos,
Juan

A Juan le interesa una mochila y tiene preguntas sobre...

a. ☐ el color.
b. ☐ la forma.
c. ☐ el tamaño.
d. ☐ el precio.
e. ☐ el material.
f. ☐ la duración y el precio del envío.

4d Übernehmen Sie jetzt die Rolle von Nuria, die ihrer Mutter eine von Leticias Taschen schenken möchte. Schreiben Sie mithilfe der Angaben eine E-Mail an Leticia mit ein paar Fragen zu ihrem Angebot.

Machst du Taschen in grün (Lieblingsfarbe der Mutter)? – Machst du größere Taschen? – Was kostet eine größere Tasche? – Wie lange dauert der Versand? – Sind die Versandkosten inbegriffen? – Wir wohnen in Málaga.

Buenos días, Leticia:

Mi hermana y yo estamos buscando un regalo para el Día de la Madre. Hemos encontrado tu blog y...

D Así eran las cosas

D1 De joven siempre llevaba bigote.

1a Paqui schreibt ihrer Tante Petra eine E-Mail. Lesen Sie sie und beantworten Sie die Fragen.

Querida tía Petra:

El cumpleaños de papá se acerca y queremos hacerle un "fotolibro", es decir, un libro o álbum con fotos de su vida. Ya tenemos las fotos de la boda con mamá y las más actuales, pero estamos buscando fotos de cuando papá era pequeño y joven, de personas de la familia, lugares, objetos de su infancia... ¿Nos puedes ayudar?

Un beso, Paqui

1. ¿Qué necesita Paqui? ________________
2. ¿Para qué? ________________

1b Lesen Sie die Antwort von Tante Petra und ordnen Sie den Fotos die Namen der Personen zu. Welches Foto fehlt?

Querida sobrina:

¡Qué buena idea! He encontrado algunas fotos antiguas de la familia que pueden ser útiles. Te mando una foto de cuando la abuela Amparo era joven. Era muy guapa, ¿eh? Era morena y antes de casarse tenía el pelo largo. ¿Reconoces al abuelo Fermín de joven? En esta foto tenía unos 20 años. Era muy guapo, muy moreno y de joven siempre llevaba bigote. ¿Y has visto la foto del tío Francisco? Ya de muy joven era calvo y llevaba gafas. Y también te mando una foto de la tía Catalina, la hermana de la abuela Amparo. Tú no la conociste; murió muy joven. La tía Catalina era rubia y tenía los ojos claros. ¡No parecían hermanas! Voy a buscar más fotos.

Un beso, Tía Petra

A ________________

B ________________

C ________________

1c Tante Petra hat Paqui noch eine E-Mail mit Fotos geschickt. Lesen Sie sie und nummerieren Sie die Fotos in der Reihenfolge, in der sie erwähnt werden.

 A ☐  B ☐  C ☐

Querida sobrina:

He encontrado una foto de la casa del pueblo. No era muy grande pero estaba en un campo enorme. Casi todas las casas de la época eran blancas. También te envío una foto del primer coche de tu abuelo. Era un SEAT 600 y en realidad había espacio para 4 personas pero viajábamos los cuatro hermanos detrás... Una locura, pero vivíamos otros tiempos. Y no sé quién hizo esta foto, pero tengo una foto de la primera radio de la casa del pueblo. Antes eran enormes y de madera; tenían muchas teclas, no como las radios de ahora...

Si encuentro más fotos, te escribo.

Un beso, Tía Petra

1d Lesen Sie die E-Mail noch einmal und unterstreichen Sie alle Verbformen im *imperfecto*.

Mit dem *imperfecto* beschreiben Sie Personen, Orte und Objekte in der Vergangenheit: **Vivíamos** otros tiempos. / El abuelo Fermín **llevaba** bigote. / La casa no **era** muy grande.

1e Der Neffe von Salvador erstellt gerade den Stammbaum seiner Familie. Übernehmen Sie die Rolle von Salvador, der seinem Neffen eine E-Mail mit einigen Fotos schickt und ihm erklärt, wer die Personen auf den Fotos sind.

tío Simón

tía Felisa

Querido sobrino:

He encontrado algunas fotos de la familia para el árbol genealógico.

____

____

D2 Antes veíamos la televisión en blanco y negro.

2a Lesen Sie den Chat zwischen Paqui und Tante Petra. Was beschreibt Tante Petra in ihren Nachrichten?

____

Mit dem *imperfecto* beschreiben Sie auch Gewohnheiten in der Vergangenheit:
Antes **íbamos** todos los veranos al pueblo. / **Veíamos** la televisión en casa de una vecina.

Tía, ¡muchas gracias por las fotos!

De nada, Paqui. Esas fotos las guardo como un tesoro.

¡Qué bonita era la casa del pueblo!

Antes íbamos todos los veranos y nos reuníamos allí con los primos y los tíos, que vivían en Bilbao. Era un ritual. En cambio, ahora todos pasan sus vacaciones por separado. Van a la playa, al extranjero...

¿Tantas personas en esa casa?

Sí, nos organizábamos bien. Los jóvenes dormíamos en colchones en el suelo. ¡Era la fiesta del año!

Imagino... ¿Y esa era la radio que teníais?

Sí, era el único medio de información que había en la casa del pueblo en las vacaciones. Veíamos la televisión en blanco y negro en casa de una vecina. Y tampoco teníamos teléfono. Íbamos a la cabina de teléfono de la plaza para llamar.

Y hoy todos tenemos un móvil con Internet... ¡Un lujo!

Pues sí. Y viajar como viajamos hoy también es un lujo. Antes solo viajábamos al pueblo en el SEAT 600. ¡Pasábamos en el coche diez horas!

¡Diez horas! Y hoy viajamos cómodamente en avión, tren de alta velocidad... Antes era impensable.

2b Lesen Sie den Chat noch einmal und kreuzen Sie an, welche Aussagen richtig *(verdadero)* und welche falsch *(falso)* sind.

	v	f
1. La familia de Bilbao iba todos los veranos al pueblo.	☐	☐
2. Hoy en día toda la familia se reúne en el pueblo en verano.	☐	☐
3. A la tía Petra le gustaba pasar las vacaciones en el pueblo.	☐	☐
4. En la casa del pueblo había un televisor.	☐	☐
5. En la casa del pueblo no había teléfono.	☐	☐
6. Antes la familia viajaba al pueblo en tren.	☐	☐

2c Salvador chattet mit seinem Neffen. Übernehmen Sie die Rolle des Neffen. Was Sie sagen sollen, ist auf Deutsch angegeben.

Tío, ¿has encontrado más fotos?

Nein, aber ich habe viele Briefe gefunden. Früher machten wir nicht so viele Fotos ...

____
____

Imagino. Las cosas han cambiado mucho.

Ja. Früher hatten wir keine Kameras. Im Gegensatz dazu haben heute alle eine!

____
____

En realidad tenemos cámaras en los móviles.

Und früher hatten wir nur ein Telefon zu Hause, aber jetzt haben wir alle ein Handy!

____
____

¡Es verdad! ¿Y veías la televisión en casa?

Ja, wir haben ferngesehen. Aber damals war es in Schwarz-Weiß.

____
____

¿Y había lavadora en vuestra casa?

Nein! Die Oma hat alles per Hand gewaschen!

____
____

D3 Me acuerdo de las comidas familiares.

3a Tante Rosa macht auch beim *fotolibro* mit. Lesen Sie die E-Mail von Tante Rosa und kreuzen Sie an: Welches der beiden Fotos wird darin *nicht* beschrieben?

Querida Paqui:

Esta semana he buscado en álbumes y cajas con fotos antiguas y he encontrado auténticos tesoros. ¡A tu padre le van a encantar!

En la primera foto estábamos en casa de los abuelos. Normalmente comíamos todos juntos los domingos. ¡Me acuerdo mucho de esas comidas familiares! La abuela Amparo pasaba todos los sábados en la cocina para preparar esas comidas.

Te envío una foto de la sierra, que era el lugar favorito del abuelo Fermín para hacer excursiones. Me acuerdo de que íbamos mucho al campo en coche, sobre todo en primavera –es que a él no le gustaba el calor en verano. De hecho, odiaba la playa.

¿Y has visto el caballo de la foto? Era del hermano del abuelo, que vivía en el pueblo. Me acuerdo de que tu padre daba largos paseos con ese caballo por el campo. Era como un miembro de la familia para él.

Ah, y también he encontrado una foto de la escuela adonde iban tu padre y el tío Francisco –la tía Petra y yo íbamos a la escuela de niñas. Además, aprendíamos cosas diferentes. Me acuerdo de que nosotras teníamos clase de costura y ellos tenían clase de lectura. Otros tiempos...

De momento, esto es todo. Habla con el tío Francisco porque seguro que él tiene más fotos de cuando tu padre y él salían a bailar.

Un abrazo,
Tía Rosa

3b Lesen Sie die E-Mail noch einmal und kreuzen Sie die richtige Aussage an.

1. La tía Rosa se acuerda mucho de las comidas de...
   a. ☐ los sábados.
   b. ☐ los domingos.
   c. ☐ los sábados y los domingos.
2. La tía Rosa se acuerda de que...
   a. ☐ iban al campo en primavera.
   b. ☐ iban a la playa en verano.
   c. ☐ iban al campo en verano.
3. El caballo era...
   a. ☐ de un vecino.
   b. ☐ de un amigo del pueblo.
   c. ☐ de un familiar.
4. Cuando eran pequeños...
   a. ☐ los cuatro hermanos iban a la misma escuela.
   b. ☐ había escuelas para chicos y escuelas para chicas pero aprendían lo mismo.
   c. ☐ había escuelas para chicos y escuelas para chicas y aprendían cosas diferentes.

Me acuerdo de la escuela. / **Me acuerdo de que** nosotras teníamos clase de costura.

3c Salvador aus 1e schickt seinem Neffen für den Stammbaum weitere Fotos mit einigen Erklärungen. Übernehmen Sie die Rolle von Salvador und schreiben Sie mithilfe der Angaben eine kurze E-Mail.

Onkel Antonio – lebte in Frankreich – besuchte uns jeden Sommer in Spanien – brachte uns immer französische Weine mit

Tante Chantal (Frau von Onkel Antonio) – Französin – arbeitete in einem Modegeschäft – kam immer mit ihrem Mann nach Spanien mit – sprach kein Spanisch – war sehr sympatisch

Rusti – auch Mitglied der Familie – sehr aktiv – mit ihm viele Ausflüge an die Berge gemacht

Querido sobrino:

He encontrado más fotos. Creo que no los conoces pero estos son… Me acuerdo de / de que… / También te envío una foto de…

D4 ¿Y tú dónde estabas?

4a Im Forum „El coleccionista de historias" wurde gestern eine Leserfrage gestellt. Lesen Sie die Frage und die Beiträge und notieren Sie zu jedem Beitrag die passende Überschrift (eine Überschrift bleibt übrig).

En la piscina del hotel — En casa

En territorio enemigo — En la calle con los vecinos

Nuestra pregunta para ti: ¿Y tú dónde estabas cuando España ganó el mundial en Sudáfrica en 2010?

Beitrag 1 ______

¡Hola! Ese día hacía mucho calor y el aire acondicionado de mi casa estaba roto... Por eso fui a la plaza de mi pueblo. Allí había una pantalla enorme para ver la final del mundial. Había mucho ambiente: las terrazas de los bares estaban llenas y encontré a todos mis vecinos. La gente cantaba y bailaba. Saludos, Ricardo

Beitrag 2 ______

¡Hola a todos! Yo estaba en el sofá en el comedor de mis padres, ¡con una manta! Estaba resfriada y tenía un poco de fiebre. Era verano, pero yo tenía frío. Vi el partido con mi familia hasta el final y cuando acabó, salieron todos a la calle a celebrar la victoria pero yo me quedé en casa... Un saludo, Lidia

Beitrag 3 ______

¡Buenos días! Yo estaba de vacaciones con mi mujer, ¡en Holanda! Estábamos en el bar del hotel, donde también había algunos turistas españoles como nosotros. Yo llevaba la camiseta de la selección española. En general, había un ambiente muy festivo. Cuando Iniesta marcó el gol, grité como un loco y todos me miraron. ¡Qué alegría! Hasta luego, Jesús

4b Lesen Sie die Beiträge noch einmal und unterstreichen Sie die richtige Option.

1. Ricardo fue a la plaza del pueblo porque su aire acondicionado no funcionaba / la gente cantaba y bailaba.
2. En la plaza del pueblo de Ricardo había mucha gente / poca gente.
3. Cuando acabó el partido, Lidia no salió porque hacía mucho calor / se sentía mal.
4. En el bar del hotel, Jesús y su mujer eran los únicos españoles / no eran los únicos españoles.

Mit dem *imperfecto* drücken Sie ***Begleitumstände*** einer Handlung in der Vergangenheit aus:
Hacía calor. / Yo **tenía** nueve años.
Mit dem *indefinido* drücken Sie eine ***Handlung*** oder ein ***Ereignis*** in der Vergangenheit aus:
De repente, mi madre **gritó** por la ventana. / **Fui** rápidamente a casa.

4c Im Forum „El coleccionista de historias" wird heute eine neue Leserfrage gestellt. Lesen Sie die Frage und ergänzen Sie in dem Leserbeitrag die Lücken mit der richtigen Form (*indefinido* oder *imperfecto*) der angegebenen Verben.

Nuestra pregunta para ti: ¿Y tú dónde estabas cuando el hombre llegó a la luna?

estar (x2) • decir • ser (x2) • hacer • entrar • tener

¡Hola! Mis hermanos y yo *estábamos* en el balcón en casa de mis padres. Yo __________ unos nueve años. __________ julio y __________ mucho calor. Mis padres __________ delante de la televisión, que __________ en blanco y negro, como todas las de aquella época. Entonces, Neil Amstrong __________ en inglés: "Este es un pequeño paso para el hombre, pero un gran salto para la humanidad". Mis hermanos y yo __________ en casa para ver el momento. ¡Qué emoción! Un saludo, Isabel

4d Übernehmen Sie die Rolle von José und schreiben Sie mithilfe der Angaben seinen kurzen Beitrag im Forum.

Begleitumstände: ich war ca. 20 Jahre alt – ich war in der Fabrik – es war Samstag (früher habe ich immer samstags gearbeitet) – es war sehr heiß – es gab keinen Fernseher in der Fabrik, aber es gab ein Radio

Ereignis / Handlung: das Radio ist auf den Boden gefallen und kaputtgegangen – ich habe die Nachricht nicht gehört

¡Hola! Yo tenía unos 20 años y…

D5 De repente, todos me miraron de forma extraña.

5a In einem Blog mit Reiseanekdoten finden Sie die folgende Anekdote von Jorge. Lesen Sie den Text und bringen Sie die Absätze in die richtige Reihenfolge.

Absatz ____
Más tarde, a las seis de la mañana, llegó el granjero. Era un hombre muy simpático y amable. Le explicamos nuestra situación y nos llevó a su casa. Nos sirvió un café y cargamos los móviles. Allí descansamos un poco y finalmente continuamos nuestro camino hasta el siguiente pueblo. ¡Qué aventura!

Absatz ____
Llegamos al primer pueblo a la una y media de la noche; no había nadie en la calle. Primero, llamamos a una puerta pero nadie abrió. Después, llamamos a otras puertas pero no tuvimos éxito –era tardísimo...

Absatz ____
Una vez, estaba con mis amigos en el Camino de Santiago. Todo fue bien hasta que una noche nos perdimos. Estábamos ya muy cansados y hacía frío. No sabíamos exactamente dónde estábamos. Como ninguno de nosotros tenía batería en los móviles para buscar un mapa on-line, decidimos caminar hasta el siguiente pueblo y pedir ayuda.

Absatz ____
Salimos del pueblo y en las afueras de repente encontramos una granja. Era muy grande y había muchos animales: cabras, ovejas, cerdos... Entramos en el establo y nos quedamos dentro porque fuera hacía mucho frío. Dormimos un poco.

5b Lesen Sie die Anekdote noch einmal und kreuzen Sie die Aussagen an, die darauf zutreffen.

a. ☐ La historia pasó en el Camino de Santiago.
b. ☐ Jorge y sus amigos se perdieron una tarde.
c. ☐ Decidieron pedir ayuda en el siguiente pueblo porque ninguno podía usar su móvil.
d. ☐ Una vecina del pueblo les abrió la puerta.
e. ☐ Como fuera hacía mucho frío, durmieron unas horas en un establo.
f. ☐ El granjero dio un café a Jorge y a sus amigos.
g. ☐ Jorge y sus amigos pudieron cargar los móviles en casa del granjero.

5c **Lesen Sie die Anekdote ein weiteres Mal und suchen Sie im Text die Wörter und Ausdrücke, die verwendet werden, um die Geschichte (zeitlich oder logisch) zu strukturieren.**

Una vez, ____________________

____

5d **Lesen Sie weitere Anekdoten, die im Internet veröffentlicht wurden, und ordnen Sie das jeweils passende Foto zu.**

A

B

C

Anekdote 1 – Foto ____
El otro día invité a comer a mis cuñados a casa. El primer plato y el segundo plato les gustaron mucho. Cuando llegamos al postre, de repente, todos me miraron de forma extraña. Es que el flan de caramelo no llevaba azúcar: ¡llevaba sal! Al final mis cuñados empezaron a reír. ¡Qué situación! Saludos, Manuela

Anekdote 2 – Foto ____
Un día, hace años, tomé el tren para ir a Sevilla pero mi asiento estaba ocupado por una chica que dormía. Me senté a su lado. Más tarde, se despertó y empezamos a hablar. Antes de llegar a Sevilla le di mi número de teléfono y... ¡Estamos casados desde hace cinco años! Hasta luego, Carlos

Anekdote 3 – Foto ____
Una vez fui a Viena por trabajo. El avión llegó con retraso; eran ya las nueve de la noche, así que tomé un taxi y fui directamente al hotel. En la recepción di mis datos y el recepcionista encontró mi reserva pero, ¡para el mes siguiente! Finalmente encontró una habitación libre de casualidad en el hotel... Un saludo, Ramón

Como entspricht dem deutschen „da" und steht am Satzanfang:
Como hacía mucho frío, me quedé en casa.
Porque entspricht dem deutschen „weil" und steht mitten im Satz:
Me quedé en casa **porque** hacía mucho frío.

5e Lesen Sie die Leserkommentare zu den Anekdoten in 5d. Welcher Kommentar passt zu welcher Anekdote?

Kommentar A – Anekdote ____

¡Uf, menos mal! No es fácil encontrar una solución a esas horas... Saludos, Mónica

Kommentar B – Anekdote ____

¡Qué suerte! ¡Encontraste al amor de tu vida de casualidad! Un saludo, Berta

Kommentar C – Anekdote ____

¡Qué horror! A mí una vez me pasó algo similar en una comida familiar también. Por lo menos tus invitados rieron al final... Hasta pronto, Fabio

5f Übernehmen Sie die Rolle von Elena, die auch eine Anekdote für den Blog schreiben will. Schreiben Sie mithilfe der Angaben einen kurzen Beitrag. Die Begleitumstände sind in Klammern angegeben.

eines Tages ohne Handy und ohne Schlüssel meine Wohnung verlassen – (Winter, sehr kalt) – zum Supermarkt (sehr groß) an der Ecke gegangen – (an jenem Tag war es sehr voll) – den Einkauf gemacht und gezahlt – mit dem Einkauf (der sehr schwer war) nach Hause zurückgekehrt – (hatte die Schlüssel nicht dabei →) konnte die Tür nicht aufmachen – auf meinen Mann vor der Tür gewartet – er kam schließlich nach drei Stunden!

¡Hola a todos! Un día yo salí de mi casa sin móvil y sin llaves…

___

___

___

___

___

___

E El placer de comer bien

E1 El pan nunca falta en la mesa.

1a In einem Gastronomieblog finden Sie einen Artikel über spanische Essgewohnheiten. Lesen Sie den Text und kreuzen Sie den richtigen Titel an.

☐ ¿Qué se come en cada región en España?

☐ ¿Qué y cuándo comen los españoles?

☐ ¿Dónde comen los españoles?

Mucha gente en España desayuna entre las 7 y las 9 de la mañana. El desayuno típico es una bebida (un zumo o un café) con tostadas con mantequilla y mermelada y algo dulce, por ejemplo, galletas. Muchos trabajadores hacen una pausa a media mañana para comer un pequeño bocadillo –pan con jamón, embutido o queso dentro.
Más tarde, entre las 14 y las 15 horas, tiene lugar la comida principal del día. A menudo consiste en un primer plato (sopa, ensalada, legumbres, arroz...), un segundo plato (carne o pescado) y un postre (fruta o algo dulce). El pan nunca falta en la mesa. Muchos españoles comen en casa o en un bar cerca del trabajo, o se llevan al trabajo una fiambrera o *tupper*.
A media tarde, sobre las 18 horas, la merienda es habitual sobre todo entre los niños –puede ser un bocadillo, un yogur o algo dulce. Los adultos que meriendan normalmente toman algo ligero. Muchos españoles cenan entre las nueve y las diez de la noche. La cena es más ligera que la comida principal: más verduras y más ensaladas y no platos tan pesados como la paella o las legumbres. Y en vuestros países, ¿qué y a qué hora coméis?

1b Lesen Sie den Artikel noch einmal und kreuzen Sie an, welche Aussagen richtig *(verdadero)* und welche falsch *(falso)* sind.

	v	f
1. En el desayuno mucha gente toma algo dulce.	☐	☐
2. Entre el desayuno y la comida principal mucha gente no come nada.	☐	☐
3. La mayoría de los españoles toma pan en la comida principal.	☐	☐
4. Lo típico es llevarse la comida al trabajo.	☐	☐
5. En España solo los niños meriendan.	☐	☐
6. La paella no es una cena típica.	☐	☐

1c Übernehmen Sie die Rolle von Verena, die den Blogartikel gelesen hat, und schreiben Sie mithilfe der Angaben ihren Kommentar zum Artikel.

Frühstück – zwischen 7 und 9 Uhr – Müsli mit Joghurt oder Brot mit Butter und Marmelade, und Kaffee

Mittagessen – zwischen 12 und 13 Uhr – Fleisch mit einer Beilage (*guarnición*), z. B. Reis, Kartoffeln oder Salat

Zwischen 15 und 16 Uhr – Kaffee mit Kuchen

Abendessen – zwischen 18 und 19 Uhr – Brot mit Wurst und Käse

¡Hola a todos! Soy de Austria. Creo que mucha gente en mi país desayuna…

1d In dem Gastronomieblog finden Sie auch einen Beitrag zu typischen spanischen Produkten und Spezialitäten. Lesen Sie den Text auf Seite 47 und ordnen Sie die Fotos A–F dem richtigen Abschnitt zu. Ein Foto bleibt übrig.

Productos y especialidades de la gastronomía española

La cocina española forma parte de la famosa y variada dieta mediterránea. Muchos platos se encuentran en todo el país pero cada región tiene especialidades.

España tiene muchos kilómetros de costa, así que hay mucha variedad de pescados y de marisco. Tiene mucha fama el marisco de Galicia, en el norte, pero también el pescado frito de Andalucía, en el sur. **Foto** ____

En todo el territorio español hay muchos cocidos –platos hechos con legumbres como ingrediente principal. Es muy famoso el *cocido madrileño* en la capital, basado en garbanzos, o la *fabada* asturiana, basada en judías blancas. **Foto** ____

Otros productos estrella de la gastronomía española son los embutidos y el jamón. Todas las regiones tienen su propia especialidad. El suroeste de España es la región con fama de tener el jamón de mejor calidad. **Foto** ____

Las verduras están muy presentes en la cocina española, como guarnición o como plato propio. Es el caso del *gazpacho* andaluz (sopa fría de tomate) o de la *escalivada* catalana (verduras asadas al horno). **Foto** ____

Y no podemos olvidar el icono internacional de nuestra gastronomía: la *paella*. Es especialmente típica en la zona este del país, donde hay paellas de muchos tipos (de pescado, de carne, de verduras, etc.). **Foto** ____

1e Lesen Sie den Blogeintrag noch einmal und kreuzen Sie die richtige Option an.

1. Hay muchas variedades de paella...
   - a. ☐ en el este de España.
   - b. ☐ en el sur de España.
   - c. ☐ en el norte de España.
2. Un cocido es un plato que tiene principalmente...
   - a. ☐ pescado.
   - b. ☐ arroz.
   - c. ☐ legumbres.
3. El suroeste de España es conocido...
   - a. ☐ por el marisco.
   - b. ☐ por el jamón.
   - c. ☐ por el arroz.
4. En España, las verduras se comen...
   - a. ☐ como guarnición.
   - b. ☐ como plato propio.
   - c. ☐ como guarnición y como plato propio.

E2 El guacamole estaba un poco salado.

2a Nicté hat Natalia zu einem mexikanischen Abendessen bei sich eingeladen. Lesen Sie den Chat zwischen den beiden am nächsten Tag und beantworten Sie die Fragen auf Seite 49 oben.

Nicté, ¡muchas gracias por la cena de ayer! Estaba todo buenísimo.

¡Me alegro! Pero el guacamole estaba un poco salado...

No, no estaba salado. ¡Estaba muy rico!

¡Gracias! Oye, ¿de verdad te gustaron las enchiladas? ¿No estaban demasiado picantes para ti? Creo que puse demasiado chile...

La salsa de las enchiladas estaba un poquito picante, pero el plato estaba muy bueno, en serio. ¡Los mexicanos sois expertos con el picante!

¡Qué bien lo sabes! Oye, y tú me tienes que explicar cómo se hace el flan que trajiste de postre.

¿De verdad te gustó? Yo pensaba que estaba un poco soso.

Para nada. Estaba muy dulce y muy bueno.

¡Me alegro!

Y lástima de las cervezas mexicanas que compré en el último momento. Las metí tarde en la nevera y no estaban frías...

Sí, estaban un poco calientes pero no pasa nada. ¡Envíame la receta del guacamole!

Si me invitas a una comida típica de tu región, te doy todas las recetas. 🙂

¡Hecho!

1. ¿Qué platos comieron? ______________________________

2. ¿Nicté cocinó todo? ______________________________

2b Lesen Sie den Chat noch einmal und kreuzen Sie die richtige Option an.

1. Según Nicté, el guacamole estaba un poco...

   A ☐ B ☐

2. Natalia dice que el guacamole estaba...

   A ☐ B ☐

3. Nicté piensa que las enchiladas estaban demasiado...

   A ☐ B ☐

4. Según Natalia, las enchiladas estaban...

   A ☐ B ☐

5. Nicté dice que el flan estaba muy...

   A ☐ B ☐

6. Las cervezas mexicanas estaban...

   A ☐ B ☐

Um ein Gericht zu bewerten, verwendet man das Verb *estar*:
La tortilla **está** salada. /
La sopa **está** fría.

2c Lesen Sie den Chat ein weiteres Mal und suchen Sie die Adjektive, die verwendet werden, um das Essen zu bewerten. Ergänzen Sie die Tabelle.

alemán	español
lecker	
versalzen	
scharf	
süß	
fade	
warm	
kalt	

2d Natalia hat sich revanchiert und Nicté zu einem typischen Mittagessen aus ihrer Region eingeladen. Am folgenden Tag chatten die Freundinnen. Übernehmen Sie anhand der Angaben auf Deutsch Natalias Rolle im Chat.

Natalia, muchas gracias por la comida, de verdad. ¡Estaba todo buenísimo!

Freut mich! Aber war die escalivada *nicht ein bisschen versalzen?*

No, para nada. Estaba muy rica. Además, yo pongo bastante sal cuando cocino. Oye, y la salsa alioli estaba buenísima.

Wirklich? Ich glaube, sie war zu scharf.

Estaba un poquito fuerte, pero a mí me gusta mucho el ajo.

In Spanien kochen wir mit viel Knoblauch!

¡Lo sé! ¡Y la sangría también me encantó!

Sie war aber ein bisschen warm ...

Sí, un poquito, pero estaba muy buena. Y fría seguro que está mejor.

Und du musst mir das Rezept von deinem Milchreis geben. Er war sehr lecker!

¿Te gustó? ¿No estaba un poco soso?

Gar nicht. Er war sehr süß.

Pues más tarde te envío la receta.

Und jetzt musst du mir das Rezept von deiner Guacamole geben!

¡Por supuesto! ¡Y tú a mí la receta de la *escalivada*!

E3 Bate los huevos y échalos a la olla.

3a Nicté schickt Natalia ihr Guacamole-Rezept. Lesen Sie ihre E-Mail und bringen Sie die Zubereitungsschritte in die richtige Reihenfolge.

1 Querida Natalia:

Aquí tienes la receta del guacamole que te prometí. Se necesitan dos aguacates, un tomate pequeño, media cebolla, el zumo de una lima, un poco de cilantro y sal.

____ A continuación, se añaden los trozos de cebolla y tomate al cuenco y se mezcla todo con un tenedor. Se corta el cilantro en trozos muy pequeños.

____ Primero, se pela la cebolla y se lava el tomate y se cortan en trozos muy pequeños.

____ Se echa a la mezcla el cilantro ya cortado y se añaden el zumo de la lima y la sal al gusto.

____ Al final, la mezcla se sirve en un cuenco con unas tortillas. Encima se pueden poner algunos trozos pequeños de cebolla o de tomate como decoración.

____ ¡Que aproveche!

Un abrazo, Nicté

____ Después, se corta el aguacate por la mitad, se separan las dos mitades y con una cuchara se saca toda la parte verde y se echa en un cuenco.

Anweisungen in Rezepten werden häufig mit der unpersönlichen Form *se* + konjugiertes Verb gegeben:

Se pela la cebolla. / **Se añaden** los trozos de cebolla y tomate.

Das Verb wird hierbei nach dem nachfolgenden Subjekt konjugiert (*la cebolla / los trozos de cebolla y tomate*).

3b Lesen Sie das Rezept noch einmal und verbinden Sie die richtigen Satzteile.

1. Se cortan	a. del aguacate.
2. Se corta	b. el cilantro ya cortado.
3. Se separan las dos mitades	c. la mezcla en un cuenco.
4. Se echa a la mezcla	d. el aguacate por la mitad.
5. Se sirve	e. la cebolla y el tomate en trozos muy pequeños.

3c Natalia schickt Nicté auch eine E-Mail mit dem Rezept der *escalivada*. Lesen Sie den Text und schreiben Sie unter jedes Foto den Namen der Zutat.

Querida Nicté:

¡Muchas gracias por tu receta del guacamole! Te doy mi receta secreta de la escalivada. 🙂 Se necesitan una berenjena, un pimiento rojo, una cebolla, cinco cucharadas de aceite de oliva, dos cucharadas de vinagre y una cucharadita de sal.

Primero, se lavan la berenjena y el pimiento, y se pela la cebolla. Se ponen todas las verduras en una bandeja de horno y se echan encima dos cucharadas de aceite de oliva. Después, se mete la bandeja en el horno y las verduras se asan durante unos 30 minutos a 180 grados. Se saca la bandeja del horno y se deja enfriar. A continuación, se pelan el pimiento y la berenjena ya fríos y se cortan en trozos largos. Al final, se sirve todo en un plato y se añaden la sal, tres cucharadas de aceite de oliva y las dos cucharadas de vinagre. La escalivada se sirve fría.

Como ves, es muy fácil.

Besos, Natalia

3d Lesen Sie die E-Mail noch einmal und suchen Sie Verben, die typisch für Rezepte sind. Notieren Sie die Infinitive der Verben.

lavar, ____________________

____

3e Verena hat ihren spanischen Freund Hugo zu einem typischen Mittagessen aus ihrer Region eingeladen. Er bittet sie danach um ihr Rezept für Kartoffelsalat. Übernehmen Sie die Rolle von Verena und schreiben Sie mithilfe der Bilder und der Angaben ihre E-Mail mit dem Rezept.

Zutaten:

400 g

100 g

Für die Soße:

5 EL | 1 TL | 1 EL

2 TL | ein bisschen

Schritte:

- Kartoffeln kochen, schälen und in Stücke schneiden
- Zwiebel schälen und in kleine Stücke schneiden
- Zutaten für die Soße in einer Schüssel mischen
- Mischung zu den Kartoffeln geben und abkühlen lassen
- Salat kalt servieren

Querido Hugo:

Como te gustó mucho la ensalada de patata típica de mi región, te voy a dar la receta. Se necesitan…

____

____

____

____

____

____

Das Verb *kochen* hat mehrere Übersetzungen ins Spanische. Generell sagt man *cocinar*. Im Wasser (oder einer anderen Flüssigkeit) kochen ist *hervir* oder *cocer* → Las patatas **se hierven**. / Las patatas **se cuecen**.

3f Natalia schickt Nicté auch das Rezept von einem Nachtisch. Lesen Sie Natalias E-Mail und kreuzen Sie an: Um welchen Nachtisch geht es?

☐ arroz con leche ☐ flan ☐ crema catalana

Querida Nicté:

Como te gustó tanto el postre que llevé a tu casa, te doy la receta también. Es muy fácil de hacer. Solo necesitas un litro de leche, ocho huevos, 250 g de azúcar y un poco de vainilla.

Primero, pon la leche en una olla y añade el azúcar. Calienta todo unos diez minutos y remueve con una cuchara. Mientras bate los huevos y échalos a la olla. Añade la vainilla. Después, echa la mezcla en un molde, métela en el horno y cuécela al baño maría unos 30 minutos a 180 grados. ¿Sabes qué significa "al baño maría"? Pon agua en un recipiente para el horno y dentro mete el molde, así la mezcla está rodeada de agua y no se quema. Saca el molde del horno y déjalo enfriar, porque el flan se come frío. Para tener un postre más rico, ¡sírvelo con nata en el plato!

Y, por favor, envíame la receta del arroz con leche. El sábado vienen mis padres a comer y quiero hacer algo diferente, porque siempre hago flan o crema catalana.

Besos,
Natalia

3g Notieren Sie alle Imperativformen aus der E-Mail in 3f.

pon, ______________________________

Mit dem Imperativ geben Sie Anweisungen, z. B. in Rezepten.

Der Imperativ entspricht der 3. Person Singular Präsens: ¡**Calienta** la leche! / ¡**Sirve** el arroz con leche! (3. Person Singular Präsens: *él/ella/usted calienta / sirve*).

Unregelmäßige Formen sind u. a. *poner* → **¡pon!**, *hacer* → **¡haz!**, *tener* → **¡ten!**, *ir* → **¡ve!**

Gibt es ein Objektpronomen (z. B. *me, te, le, la, lo*), wird dieses direkt an den Imperativ angehängt: **¡métela!, ¡escríbeme!** Hierbei trägt die drittletzte Silbe einen Betonungsakzent.

3h Natalia verwendet in ihrer E-Mail einige Imperativformen mit einem angehängten Objektpronomen. Wofür stehen die Pronomen jeweils? Lesen Sie die E-Mail ein weiteres Mal und ergänzen Sie die Tabelle.

échalos	*los huevos*
métela	
cuécela	

déjalo enfriar	
sírvelo	

3i Nicté schickt Natalia das Rezept für ihren *arroz con leche*. Lesen Sie es und ergänzen Sie die Lücken mit dem Imperativ der angegebenen Verben. Für das Wort in Klammern soll ein Objektpronomen verwendet werden.

calentar • remover • dejar • servir • sacar • ~~poner~~ • mezclar • añadir

Querida Natalia:

Para el arroz con leche, necesitas 100 g de arroz, un litro de leche, la piel de un limón y de una naranja, una rama de canela, 70 g de azúcar y 10 g de mantequilla.

Primero *pon* en una olla la leche, el arroz, la piel del limón y de la naranja y la rama de canela, y __________ la mezcla unos 45 minutos. Mientras __________ (la mezcla) con una cuchara. Después __________ el azúcar y la mantequilla a la olla. __________ la piel del limón y de la naranja, y la rama de canela y __________ todo bien. __________ el arroz con leche en cuencos pequeños y __________ (el arroz con leche) enfriar. Al final, puedes echar un poco de canela en polvo encima de cada cuenco.

Un beso, Nicté

3j Übernehmen Sie jetzt wieder die Rolle von Verena und schreiben Sie Hugo mithilfe der Angaben eine E-Mail mit dem Rezept für Bratäpfel. Verwenden Sie die Imperativform für die Anweisungen im Rezept.

Zutaten: 4 Äpfel, 2 EL Zucker, 100 g Butter, ein bisschen Vanille und ein bisschen Zimt

Zubereitung: Äpfel waschen und auf ein Backblech (*bandeja de horno*) geben – Butter auf die Äpfel geben – Zucker und Vanille hinzufügen und ein bisschen Wasser auf das Backblech geben – das Backblech in den Ofen stellen und Äpfel bei 200 °C für 30 Minuten backen – das Backblech aus dem Ofen nehmen – Zimt auf die Äpfel geben – warm oder kalt servieren

Querido Hugo:

También te envío la receta de las manzanas asadas. Se necesitan…

F Mente sana en cuerpo sano

F1 Estoy muy estresado y de mal humor.

1a Lesen Sie den Chat zwischen Pablo und Gonzalo. Welche Entscheidung treffen sie?

Pablo y Gonzalo deciden …

Gonzalo, ¿qué tal estás? Hace mucho que no nos vemos.

¡Hola, Pablo! Es verdad. Hace mucho que no te llamo, lo siento... Es que últimamente estoy muy cansado.

Yo también. Me han cambiado de departamento en el trabajo y no me gusta. Tengo mucha presión y estoy muy estresado y de mal humor...

Vaya... Yo no tengo estrés; en el trabajo estoy bien pero estoy sentado demasiadas horas delante del ordenador. Llevo una vida muy sedentaria.

Tienes que moverte. Yo intento hacer deporte pero no tengo energía. Como estoy nervioso, duermo fatal, unas 5 o 6 horas cada noche.

¡Eso es muy poco! Sí, tengo que hacer ejercicio porque tengo sobrepeso. No como de manera sana y creo que bebo demasiada cerveza...

Tienes que beber alcohol con moderación... Oye, ¿por qué no nos apuntamos juntos a un gimnasio? El ejercicio físico ayuda a perder peso.

Pues me parece una buena idea, porque necesito adelgazar. Y a ti te puede ayudar a manejar mejor el estrés y a dormir mejor.

¡Sí! Voy a ver qué gimnasios hay en el barrio.

¡Vale! Yo también voy a buscar.

1b Lesen Sie den Chat noch einmal und kreuzen Sie an, welche Aussagen richtig (*verdadero*) und welche falsch (*falso*) sind.

	v	f
1. Pablo últimamente está muy cansado.	☐	☐
2. Pablo tiene mucho estrés en el trabajo.	☐	☐
3. Gonzalo está muy estresado en su trabajo.	☐	☐
4. Gonzalo pasa muchas horas sentado en el trabajo.	☐	☐
5. Pablo duerme ocho horas cada noche.	☐	☐
6. Gonzalo quiere perder peso.	☐	☐

Um einen vorübergehenden Zustand anzugeben, verwendet man das Verb *estar*:
Estoy nervioso. / **Estoy** preocupada. / **Estamos** cansados.

1c Ana chattet mit ihrer Freundin Mariluz. Übernehmen Sie die Rolle von Ana. Was Sie sagen sollen, ist auf Deutsch angegeben.

Ana, ¿cómo estás? Hace mucho que no hablamos.

Mir geht's nicht so gut. In letzter Zeit bin ich sehr müde und gestresst.

____

____

¡Vaya! ¡Pero tú siempre estás de buen humor! ¿Qué te ha pasado?

Ich habe viel Druck in der Arbeit. Und deswegen schlafe ich nicht gut.

____

____

¡Lo siento mucho!

Und wegen dem Stress esse und rauche ich zuviel. Ich glaube, ich habe Übergewicht.

____

____

¡Eso no es bueno! Oye, ¿por qué no te apuntas a mi gimnasio? El ejercicio físico te puede ayudar.

Ja, gute Idee. Ich muss besser mit dem Stress umgehen. Sport kann mir helfen.

____

____

____

F2 Me duele la garganta.

2a Welche Beschwerden haben diese Personen? Schreiben Sie die Begriffe unter das richtige Foto.

Tengo dolor de muelas. = **Me duelen** las muelas.
Tengo dolor de cabeza. = **Me duele** la cabeza.

dolor de espalda • dolor de estómago • dolor de garganta

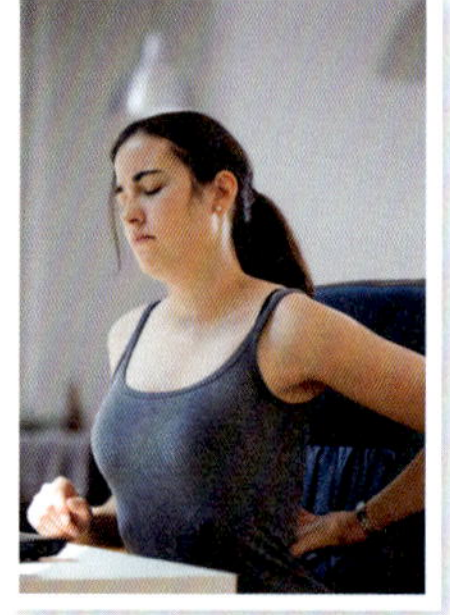

A ____________________ B ____________________ C ____________________

2b Doctor López betreibt ein Forum, in dem Leser mit Beschwerden oder Schmerzen um Ratschläge bitten können. Lesen Sie die Beiträge und ordnen Sie sie den Fotos von 2a zu. Für einen Beitrag gibt es kein Foto.

Beitrag 1 – Foto ____
Hola a todos. Desde hace unos días me encuentro mal. Estoy resfriado con mucha tos, y por las noches tengo un poco de fiebre. Y también me duele un poco la garganta. ¿Qué puedo hacer? Gracias, Antonio

Beitrag 2 – Foto ____
¡Buenos días! Empecé un nuevo trabajo el mes pasado. He trabajado mucho últimamente: cada día estoy sentada delante del ordenador más de ocho horas. Ahora me duele la espalda. Estoy preocupada. ¿Algún consejo? Muchas gracias, Eva

Beitrag 3 – Foto ____
¡Hola! Ayer cené un plato muy picante y creo que me ha sentado mal. He vomitado varias veces esta noche y estoy un poco mareada. Me duele mucho el estómago y me siento fatal. ¿Qué puedo tomar? Gracias, Mireia

Beitrag 4 – Foto ____
¡Buenas tardes! No puedo comer nada. Y tampoco puedo dormir. Es que tengo un dolor de muelas terrible... He tomado unas pastillas pero no me han hecho efecto. ¿Alguna idea? Muchas gracias, David

2c Doctor López hat heute auf mehrere Beiträge geantwortet. Lesen Sie die Antworten und unterstreichen Sie die richtige Imperativform (er siezt die Teilnehmer des Forums). Ordnen Sie dann die Antworten den passenden Beiträgen aus 2b zu.

Antwort 1 – Beitrag ____

Inscríbase Inscríbete a un gimnasio con una piscina y nada nade. Además, hable habla con un fisioterapeuta. Mientras, date dese masajes en el cuello varias veces al día.

Antwort 2 – Beitrag ____

¡ Ve Vaya urgentemente al dentista! Una infección en una muela puede ser muy peligrosa. ¡ Pida Pide cita hoy mismo! Si su dentista hoy no está disponible, escríbame escríbeme y le doy el contacto de un colega.

Antwort 3 – Beitrag ____

Tome Toma infusiones de manzanilla o prueba pruebe con unas gotas de jengibre. Más tarde, si se encuentra mejor, come coma algo muy suave, por ejemplo, un poco de arroz blanco.

Antwort 4 – Beitrag ____

Descansa Descanse en la cama y duerma duerme. Beba Bebe mucha agua. Y toma tome leche caliente. Si se encuentra muy mal, póngase ponte en contacto con su médico.

Die Imperativform für *usted* wird in der Regel ausgehend von der 1. Person Präsens gebildet: *(yo) hablo* → **¡hable!**, *(yo) pongo* → **¡ponga!**, *(yo) cierro* → **¡cierre!** Beachte: *(yo) voy* → **¡vaya!**

2d Übernehmen Sie jetzt die Rolle von Pablo, der auch Hilfe im Forum sucht. Schreiben Sie mithilfe der Angaben einen kurzen Beitrag.

Beschwerden: in letzter Zeit Augenschmerzen und Kopfschmerzen, manchmal schwindlig

Kontext: viel Arbeit, sehr viele Stunden vor dem PC, Sport einmal die Woche, aber hilft nicht

Ratschläge?

¡Hola! Últimamente… ______________________________

____

____

F3 ¡Apuntaos al gimnasio!

3a Gonzalo aus 1a sucht im Internet nach einem Fitnessstudio und stößt auf diesen Post in einem sozialen Netzwerk. Ordnen Sie die Überschriften dem richtigen Absatz zu.

Tarifa y horarios – Instalaciones – Cursos y servicios

¡INAUGURACIÓN DEL GIMNASIO "ENFORMA" EL SÁBADO 3 DE OCTUBRE!

¡Apuntaos a la semana de prueba gratuita y poneos en forma!

Absatz 1 ______________________

Piscina cubierta con zona jacuzzi
Sauna
Pista de tenis y de atletismo
Cancha de baloncesto
Sala de máquinas bien equipada
5 salas para cursos

Absatz 2 ______________________

¡Mejorad vuestros problemas de espalda con nuestras clases de natación!
¡Relajaos en nuestras clases de yoga para principiantes y avanzados!
¡Bailad y divertíos en las clases de aeróbic!
¡Fortaleced brazos y piernas con nuestros entrenadores personales!

Absatz 3 ______________________

Todos los cursos, servicios e instalaciones por solo 39,90€/mes. Abierto de lunes a sábado de 8 a 21 y domingos de 8 a 14. Consultad el horario de los cursos en la web: www.enforma.net.
GIMNASIO "ENFORMA" – C/ Claveles 22 – 45070 Toledo
¡Aparcamiento gratuito para nuestros clientes!

Auch die Reflexivpronomen werden an den Imperativ angehängt. Bei der 2. Person Plural entfällt das *-d*: *apuntad* + *os* → **apuntaos** / *relajad* + *os* → **relajaos**

3b Gonzalo liest im sozialen Netzwerk einen Erfahrungsbericht über das Fitnessstudio. Lesen Sie die Rezension und ergänzen Sie die Lücken (alle fehlenden Wörter sind in der Anzeige in 3a zu finden).

¡Hola a todos!

Yo me he apuntado a la semana de prueba gratuita y la verdad es que el nuevo gimnasio me encanta. La piscina *c* _ _ _ _ _ _ _ _ _ _ es perfecta para practicar la *n* _ _ _ _ _ _ _ _ _ _; el único punto negativo es que en la zona jacuzzi hay mucha gente por la tarde. Los *e* _ _ _ _ _ _ _ _ _ _ _ _ personales te ayudan muchísimo, sobre todo en la sala de *m* _ _ _ _ _ _ _ _ _ _ _. La pista de *a* _ _ _ _ _ _ _ _ _ _ _ _ es genial para correr. Las clases de *a* _ _ _ _ _ _ _ son muy divertidas y por primera vez en mi vida he hecho yoga en la clase para *p* _ _ _ _ _ _ _ _ _ _ _ _ _ _. En general, las *i* _ _ _ _ _ _ _ _ _ _ _ _ _ son ideales para los amantes del deporte y de la vida sana. Un pequeño inconveniente: el *a* _ _ _ _ _ _ _ _ _ _ _ _ _ _ es demasiado pequeño y no hay espacio para todos los coches de los clientes. ¡Venid a la semana de prueba!

Saludos, Ángela

3c Gonzalo hat sich auch für eine Probewoche angemeldet und teilt seine Erfahrungen danach online. Übernehmen Sie seine Rolle und schreiben Sie eine kurze Bewertung mithilfe der Angaben.

Sehr gute Anlagen – Hallenbad sehr groß und gut ausgestatteter Trainingsbereich › ich kann sehr gut Arme und Beine trainieren

Kurse und Angebote: Yogastunde perfekt um sich zu entspannen und sehr sympathische Personal Trainer

Negatives: samstags zu viele Leute in der Sauna

¡Hola a todos! Yo también me he apuntado a la semana de prueba y el nuevo gimnasio me gusta mucho.

____

____

____

____

F4 ¿Los masajes están incluidos?

4a Gonzalo aus 1a möchte einen Aktivurlaub in einem Kurhotel machen. Lesen Sie die Informationen, die er im Internet findet, und kreuzen Sie an, welches Hotel am besten für ihn geeignet ist (lesen Sie gegebenenfalls noch einmal den Chat in 1a).

Kurhotel A ☐

Nombre: Los Pinos

Situación: Castellón, a pocos kilómetros de la playa

Problemas que soluciona: vida sedentaria, cansancio, sobrepeso y mala alimentación

Tratamientos: dietas personalizadas y veganas, meditación, ejercicio físico con entrenadores personales, masajes, fango

Instalaciones: piscina, gimnasio, jardín, salas de meditación y masajes

Precio por semana: 799€

Kurhotel B ☐

Nombre: Picos de Europa Resort

Situación: Picos de Europa, en plena montaña

Problemas que soluciona: estrés, problemas de espalda y adicción al tabaco

Tratamientos: masajes, meditación, yoga, fisioterapia y programa antitabaco

Instalaciones: piscinas con hidromasaje, centro de masajes, salas de meditación y masajes

Precio por semana: 1.043€

4b Lesen Sie die Angebote aus 4a noch einmal und entscheiden Sie, wozu die folgenden Aussagen passen: Kurhotel A, Kurhotel B oder keines (K) von beiden.

	A	B	K
1. Está cerca del mar.	☐	☐	☐
2. Es adecuado para personas que quieren perder peso.	☐	☐	☐
3. Es adecuado para personas estresadas.	☐	☐	☐
4. Ofrece tratamientos para la adicción al alcohol.	☐	☐	☐
5. Ofrece masajes.	☐	☐	☐
6. Tiene un espacio al aire libre.	☐	☐	☐
7. Tiene una sauna.	☐	☐	☐
8. Es el más caro.	☐	☐	☐

4c Gonzalo hat sich für das Kurhotel *Los Pinos* entschieden und bittet dort per E-Mail um weitere Informationen. Lesen Sie den Text und unterstreichen Sie in den Sätzen 1.–5. die richtige Option.

Buenos días:

Me llamo Gonzalo Salinas y desde hace un tiempo llevo una vida sedentaria, tengo un poco de sobrepeso y ahora tengo mucho estrés en el trabajo. He encontrado su balneario en Internet, pero antes de hacer la reserva me gustaría saber algunas cosas más:

¿Tienen disponibilidad para la segunda semana de agosto? Es la única semana que tengo para hacer el tratamiento. ¿Hay transporte público hasta el balneario? Es que yo no tengo coche. ¿Los masajes están incluidos en el precio total? ¿Qué horario tienen las actividades? ¿En qué consiste el tratamiento de fango? Y, por último, ¿tengo que dar una paga y señal?

Muchas gracias de antemano.

Atentamente, Gonzalo Salinas

la paga y señal = Anzahlung

Gonzalo...

1. ...está interesado en ir al balneario una semana / dos semanas en agosto.
2. ...quiere saber cómo llegar en transporte público / si hay aparcamiento.
3. ...pregunta a qué hora / dónde son las actividades.
4. ...quiere saber cómo es una dieta vegana / un tratamiento con fango.
5. ...pregunta si tiene que pagar todo / una parte cuando hace la reserva.

4d Auch Ana (siehe S. 57) möchte einen Aktivurlaub in einem Kurhotel machen. Übernehmen Sie ihre Rolle und schreiben Sie mithilfe der Angaben ihre E-Mail an das Kurhotel *Picos de Europa Resort*.

Verfügbarkeit erste Juniwoche? – Wie komme ich zum Hotel (Auto / öffentliche Verkehrsmittel)? – Programm mit Aktivitäten? – alle Behandlungen im Preis inbegriffen? – Wie ist das Endlich-Rauchfrei-Programm *(programa antitabaco)*? – Anzahlung?

Buenos días:

Me llamo Ana Villarejo y desde hace un tiempo estoy muy estresada en el trabajo y fumo demasiado.

F5 Me encantaron las instalaciones del balneario.

5a Bevor Gonzalo aus 4c einen Aufenthalt im Kurhotel reserviert, liest er im Internet einige Bewertungen zu *Los Pinos*. Geben Sie mit einem Smiley an, ob die Bewertungen positiv (🙂) oder negativ (☹) sind.

Bewertung 1: _____

¡Buenas tardes! Me llamo Gerardo y el mes pasado estuve dos semanas en el balneario *Los Pinos* por problemas de sobrepeso. No lo recomiendo a nadie. La dieta que hice no estaba personalizada y tuve hambre las dos semanas. Yo soy muy alto y necesito más cantidad de comida. Además, la piscina estaba sucia y el jardín, también. Si quieren adelgazar, ¡busquen otro balneario mejor!

Bewertung 2: _____

¡Hola! Mi nombre es Aitana y estuve la semana pasada en el balneario por problemas de cansancio y mala alimentación. Me encantaron las instalaciones y desde el jardín pude ver unas preciosas vistas al mar todos los días. Los masajes, la meditación y el tratamiento con fango son de gran calidad. ¡Pruébenlos una semana!

Bewertung 3: _____

¡Buenos días! Mi nombre es Luis y estuve en *Los Pinos* el verano pasado. La verdad, no tengo buenos recuerdos. Los entrenadores personales me hicieron un programa de ejercicio físico demasiado fuerte y, además, fueron muy antipáticos conmigo. Y las terapias de meditación me aburrieron muchísimo. ¡Vayan a otro balneario!

Bewertung 4: _____

¡Hola! Me llamo Margarita y hace un tiempo estuve en *Los Pinos* una semana. Descubrí las dietas veganas y desde entonces mi vida ha cambiado. He mejorado mi alimentación y me siento mejor – antes comía mal y rápido. Gracias a *Los Pinos* tengo hábitos más sanos de alimentación. ¡Apúntense! ¡Vale la pena!

5b Lesen Sie die Bewertungen noch einmal und notieren Sie die Imperativformen, die darin erwähnt werden.

busquen, ______________________________

Die Imperativform für *ustedes* wird in der Regel ausgehend von der 1. Person Präsens Singular gebildet: *(yo) hablo* → **¡hablen!**, *(yo) pongo* → **¡pongan!**, *(yo) cierro* → **¡cierren!** Beachte: *(yo) voy* → aber: **¡vayan!**

5c Lesen Sie die Bewertungen ein weiteres Mal und kreuzen Sie die jeweils richtige Aussage an.

1. A Gerardo no le gustó el balneario *Los Pinos* porque...
   a. ☐ la dieta no era adecuada para él.
   b. ☐ la piscina era muy pequeña.
   c. ☐ no había jardín.
2. A Aitana le gustaron mucho...
   a. ☐ las instalaciones y las vistas.
   b. ☐ las instalaciones y los tratamientos.
   c. ☐ las instalaciones, las vistas y los tratamientos.
3. A Luis no le gustó el balneario *Los Pinos* porque...
   a. ☐ la clase de yoga era aburrida.
   b. ☐ el personal del restaurante era antipático.
   c. ☐ el programa de deporte no era adecuado para él.
4. Desde su estancia en *Los Pinos*, Margarita dice que...
   a. ☐ hace deporte todos los días.
   b. ☐ come mejor.
   c. ☐ ya no fuma.

5d Ana aus 4d hat eine Woche im Kurhotel *Picos de Europa Resort* verbracht. Übernehmen Sie ihre Rolle, indem Sie mithilfe der Angaben eine Bewertung zu ihrem Aufenthalt schreiben.

🙂 sehr schöne Landschaft – neue Anlagen – sehr freundliches Personal – fühle mich jetzt besser – Rückenschmerzen haben sich gebessert – schlafe besser – habe aufgehört zu rauchen

☹ sehr teuer, aber lohnt sich – Buchen Sie eine Woche!

¡Buenos días! Me llamo Ana y la semana pasada estuve en Picos de Europa Resort.

G El mundo laboral

G1 Para mí es importante la estabilidad.

1a **In einem Blog finden Sie einen Artikel über die Arbeitswelt von heute. Lesen Sie den Text und kreuzen Sie den richtigen Titel an.**

☐ Las condiciones laborales más valoradas en Europa

☐ Las profesiones que más valoran los españoles

☐ Los factores que valoran los españoles y las españolas en su trabajo

Recientemente la página *Infotrabajo.com* ha hecho una encuesta sobre condiciones laborales a 10.000 trabajadores y trabajadoras de toda España. Hemos descubierto que el sueldo no es tan importante para todo el mundo.

Para el 95% de los hombres, la estabilidad –tener un contrato fijo –es el factor más importante. También, las posibilidades de promoción y la formación continua en el puesto de trabajo son valoradas positivamente por el 45% de los encuestados.

En cambio, el factor más importante para las mujeres es la flexibilidad (con un 80%), que permite combinar mejor la familia y el trabajo. Ellas valoran más un ambiente agradable y tener un buen jefe (con un 55%) que el sueldo (con un 45%).

Los hombres y las mujeres están de acuerdo en un factor. Según la encuesta, el 75% de los trabajadores y trabajadoras valoran el trabajo en equipo. Y ustedes, ¿qué valoran en su puesto de trabajo? ¿Qué les gustaría cambiar?

1b **Lesen Sie den Artikel noch einmal und kreuzen Sie an, welche Aussagen richtig *(verdadero)* und welche falsch *(falso)* sind.**

Según la encuesta de *Infotrabajo.com*,...	v	f
1. ...todo el mundo piensa que el sueldo es el factor más importante.	☐	☐
2. ...para casi todos los hombres la estabilidad es la condición laboral más importante.	☐	☐
3. ...casi la mitad de los hombres valora la formación continua.	☐	☐
4. ...para la mayoría de las mujeres la flexibilidad laboral es el factor más valorado.	☐	☐
5. ...las mujeres valoran más la remuneración que el ambiente laboral.	☐	☐
6. ... el trabajo en equipo no tiene la misma importancia para hombres y mujeres.	☐	☐

1c Lesen Sie den Artikel noch einmal und finden Sie die spanischen Entsprechungen der deutschen Begriffe.

1. Lohn *sueldo*
2. Stabilität ________
3. fester Vertrag ________
4. Teamarbeit ________
5. Weiterbildung ________
6. angenehme Atmosphäre ________
7. Aufstiegsmöglichkeiten ________

1d Im gleichen Blog finden Sie den folgenden Kommentar von einer spanischen Ärztin. Lesen Sie den Beitrag und unterstreichen Sie jeweils die richtige Option in den Sätzen 1.–4.

Me llamo Mónica y soy médica en el Hospital Clínico. A mí me gustaría tener un sueldo más alto y tener más flexibilidad –a veces es complicado cuando tengo que trabajar los fines de semana. Pero hay otros factores que para mí son más importantes. Tengo una profesión interesante y de responsabilidad y eso me encanta. Además, yo valoro mucho el contacto con los pacientes y la formación continua que nos ofrece el hospital. Y tengo la suerte de trabajar con buenos compañeros y con un buen jefe. ¡Para mí eso es importantísimo!

1. A Mónica le gustaría *tener* una remuneración más alta / trabajar los fines de semana.
2. En su trabajo, Mónica valora más el sueldo / el tipo de tarea.
3. Para Mónica, es importante aprender cosas nuevas / el tipo de contrato.
4. Mónica valora muchísimo la estabilidad / el ambiente agradable en su trabajo.

1e Übernehmen Sie die Rolle von Markus, der den Blog auch kommentieren will. Schreiben Sie seinen Beitrag mithilfe der Angaben.

Wichtig / schätze ich: interessante Aufgabe – netter Chef – angenehme Atmosphäre

Wunsch: mehr Stabilität und einen festen Vertrag (momentan kein Lohn im Urlaub)

¡Hola a todos! Yo me llamo Markus y soy profesor de idiomas en Alemania. En mi puesto de trabajo…

____

____

G2 Se ofrece contrato temporal.

2a Wie heißen diese Berufe? Schreiben Sie die Namen unter jedes Foto.

 A ____________________  B ____________________  C ____________________

D ____________________  E ____________________  F ____________________

2b Auf *Infotrabajo.com* finden Sie diese Jobangebote. Ordnen Sie sie den passenden Fotos von 2a zu. Drei Fotos bleiben übrig.

Jobangebot 1 – Foto ____ 15 de abril

El restaurante *Las Parrillas* busca personal con experiencia en el sector para la temporada de verano. Se ofrece contrato temporal con posibilidad de renovación. Enviar currículum a: restaurantelasparrillas@wanadoo.es.

Jobangebot 2 – Foto ____

Se necesitan personas para hacer visitas guiadas los fines de semana en el centro de Sevilla. Requisitos: título en Turismo e idiomas. Se ofrece un buen sueldo. Enviar currículum a: ecotoursevilla@hotmail.es.

Jobangebot 3 – Foto ____

¿Eres una persona paciente? ¿Te gusta trabajar con niños? Somos una familia muy agradable y buscamos a un/a cuidador/a de niños para este verano. Días y horas a convenir. Interesados/as llamar al 694 234 894. Preguntar por Lola.

2c Auf *Infotrabajo.com* können Leser, die einen Job suchen, eine Anzeige schalten. Ordnen Sie jeder Anzeige das passende Jobangebot aus 2b zu.

Anzeige 1 – Jobangebot ____

¡Buenos días! Me llamo Silvia Ramos y estudio para ser maestra de Educación Infantil. Soy una persona creativa y paciente y estoy buscando trabajo para este verano. Tengo mucha experiencia con niños; he trabajado hasta ahora como cuidadora y animadora. Si busca a alguien con mi perfil, ¡escríbame!

Anzeige 2 – Jobangebot ____

¡Buenas tardes! Mi nombre es Clara Salas, tengo un título en Turismo y hablo inglés, francés y alemán. He trabajado como guía en el museo Bellas Artes. Busco un puesto como guía en un museo o para hacer visitas guiadas en Sevilla. No es un problema trabajar los sábados o los domingos. Si necesita un/a guía, ¡póngase en contacto conmigo!

Anzeige 3 – Jobangebot ____

¡Buenos días! Me llamo David Jiménez y estudié Economía pero mi auténtica vocación es la cocina. He trabajado en hoteles y restaurantes de cocina moderna y tradicional. Tengo interés en trabajar como cocinero en verano y, si es posible, en otoño también. Si necesita un cocinero para su hotel o restaurante, escríbame un mensaje.

2d Karin möchte im nächsten Sommer in Spanien als Verkäuferin arbeiten, um ihr Spanisch zu verbessern. Übernehmen Sie die Rolle von Karin und schreiben Sie mithilfe der Angaben eine kurze Anzeige für *Infotrabajo.com*.

Abschluss in Marketing – Erfahrung in diesem Bereich (schon als Verkäuferin gearbeitet) – Fremdsprachen: Deutsch, Englisch und ein bisschen Spanisch – Geduld – samstags zu arbeiten ist kein Problem

¡Buenos días! Me llamo Karin Egger y busco un puesto como dependienta en una tienda el verano que viene en España…

G3 Acabo de preparar mi currículum.

3a David hat das Jobangebot vom Restaurant *Las Parrillas* auf *Infotrabajo.com* gelesen und beschlossen, sich zu bewerben. Lesen Sie seinen Lebenslauf und ordnen Sie jede Kategorie dem richtigen Absatz zu.

Conocimientos de idiomas • Estudios y formación • ~~Datos personales~~ •
Otras competencias • Experiencia laboral

Absatz 1: *Datos personales*

Nombre y apellidos: David Jiménez Aras
Dirección: C/ Lepanto, 4 48001 Bilbao
Fecha de nacimiento: 18/03/1993
Nacionalidad: española
Contacto:
Tel: 649 284 629
Correo electrónico: da.ji.ar@mail.es

Absatz 2: ______________________

2015 – 2018 Título en Hostelería, *Escuela Superior de Hostelería*, Bilbao
2011 – 2014 Título en Economía, *Universidad de Salamanca*

Absatz 3: ______________________

2016 – 2019 Cocinero en el restaurante *Okel* y en el hotel *Meula*, Bilbao
2013 Prácticas en *Banco Santalín*, Salamanca

Absatz 4: ______________________

español: lengua materna
inglés: nivel alto (C1)
italiano: nivel medio (B1)

Absatz 5: ______________________

Conocimientos de informática a nivel de usuario, carné de conducir y coche propio

3b Lesen Sie noch einmal und kreuzen Sie die jeweils richtige Aussage an.

1. En el currículum David ha escrito…
   a. ☐ que tiene un título.
   b. ☐ que tiene dos títulos.
   c. ☐ que no tiene ningún título.

2. Según el currículum, David ha hecho prácticas…
   a. ☐ en un hotel.
   b. ☐ en un restaurante.
   c. ☐ en un banco.

3. Según el currículum...
   a. ☐ habla mejor el inglés que el italiano.
   b. ☐ habla mejor el italiano que el inglés.
   c. ☐ tiene el mismo de nivel de italiano que de inglés.

4. David dice en el currículum que...
   a. ☐ sabe conducir.
   b. ☐ sabe algo de informática.
   c. ☐ sabe conducir y algo de informática.

3c David schickt den Lebenslauf zur Durchsicht seiner Schwester. Lesen Sie die E-Mail und vergleichen Sie mit dem Lebenslauf in 3a: An welchen Stellen hat David seinen Lebenslauf etwas „nachgebessert"?

Querida hermana:

Acabo de preparar mi currículum y te lo envío para saber tu opinión. No he dicho que dejé de estudiar Economía antes de acabar la carrera pero, ¿da igual, no? El puesto es de cocinero... Lo importante es que volví a estudiar después y que en los últimos años he empezado a trabajar como cocinero profesional en Bilbao. También he dicho que tengo un nivel alto de inglés y medio de italiano... Bueno, en realidad solo sé algunas palabras en italiano. Y el coche es de papá, pero siempre me lo presta.

Un abrazo,
David

David no tiene un título en Economía, ... ______________________

____

____

3d Lesen Sie die E-Mail noch einmal und finden Sie die spanischen Ausdrücke um zu sagen, ...

1. dass ich etwas gerade gemacht habe? *Acabo de ...* ______________________
2. dass ich mit etwas aufgehört habe? ______________________
3. dass ich etwas wieder gemacht habe? ______________________
4. dass ich angefangen habe, etwas zu machen? ______________________

Acabo de enviar un correo. / **Dejé de trabajar** en 2017. /
Volví a estudiar en 2016. / **Empecé a trabajar** en la empresa en 2019.

3e Karin bereitet gerade ihren Lebenslauf auf Spanisch vor und bittet ihren spanischen Freund Pedro um Hilfe. Lesen Sie die E-Mail von Karin und übernehmen Sie die Rolle von Pedro, der den Lebenslauf mithilfe der Informationen aus der E-Mail ergänzt.

Querido Pedro:

He empezado a escribir mi currículum pero no sé continuar en español. ¿Me puedes ayudar? Te doy el resto de la información: Empecé a estudiar Marketing en 2015 en la Universidad de Berlín y acabé la carrera en 2019. Trabajé en verano de 2017 como dependienta en la tienda *JuliasMode*, en Berlín, y en 2018 hice unas prácticas en *Werby*, en Berlín. En 2019 volví a trabajar en la tienda *JuliasMode* como dependienta. Mi lengua materna es el alemán, tengo nivel C1 de inglés y nivel A2 de español (y también tengo conocimientos básicos de francés pero después de un curso dejé de estudiar francés y empecé a estudiar español). Tengo el carné de conducir y sé un poco de informática.

Un abrazo,
Karin

Datos personales

Nombre y apellidos: Karin Egger
Dirección: Hansastr. 3, 10115 Berlín
Fecha de nacimiento: 05/09/1994
Nacionalidad: alemana

Contacto:
Tel: 0163 1737257
Correo electrónico:
k.eg@gnx.de

____

2015 – ______ título de Marketing, Universidad de Berlín

____

2017 – 2019 ______________________

______ Prácticas en ______________________

____

alemán: ______________________

______ nivel alto (C1)

______ ______________________

francés: ______________________

____

Carné de conducir y ______________________

G4 Me dirijo a ustedes en respuesta a su oferta.

4a David schickt seine Bewerbung an das Restaurant *Las Parrillas*. Lesen Sie sein Anschreiben und bringen Sie die Absätze in die richtige Reihenfolge.

ASUNTO: Solicitud de puesto de trabajo

____ De 2016 a 2019 trabajé como cocinero en un restaurante y en un hotel, así que tengo experiencia en el sector. También tengo el carné de conducir.

____ Adjunto: currículum

_1_ Estimados señores:
Me dirijo a ustedes en respuesta a su oferta de trabajo en la página *Infotrabajo.com* del pasado 15 de abril. Me llamo David Jiménez y tengo el título de Hostelería de la Escuela Superior de Hostelería de Bilbao.

____ Atentamente,
David Jiménez

____ Además, soy una persona organizada, creativa y en la cocina soy muy exigente y sé trabajar en equipo. Estoy muy interesado en el puesto que ofrecen.

____ Quedo a su disposición para cualquier pregunta y espero sus noticias.

4b Lesen Sie das Anschreiben noch einmal und kreuzen Sie an, welche Informationen es enthält.

a. ☐ el título
b. ☐ los conocimientos de informática
c. ☐ la experiencia laboral
d. ☐ los conocimientos de idiomas
e. ☐ las cualidades personales

4c Lesen Sie das Anschreiben ein letztes Mal und finden Sie die Ausdrücke, die verwendet werden ...

1. als Anredeformel: *Estimados ...* ____________
2. als Einleitung: ____________
3. als Grußformel zum Abschluss: ____________
4. um zusätzliche Dokumente im Anhang anzugeben: ____________

4d Andrea möchte sich auf die Stelle der Fremdenführerin in Sevilla bewerben. Lesen Sie ihr Anschreiben und unterstreichen Sie jeweils das richtige Verb.

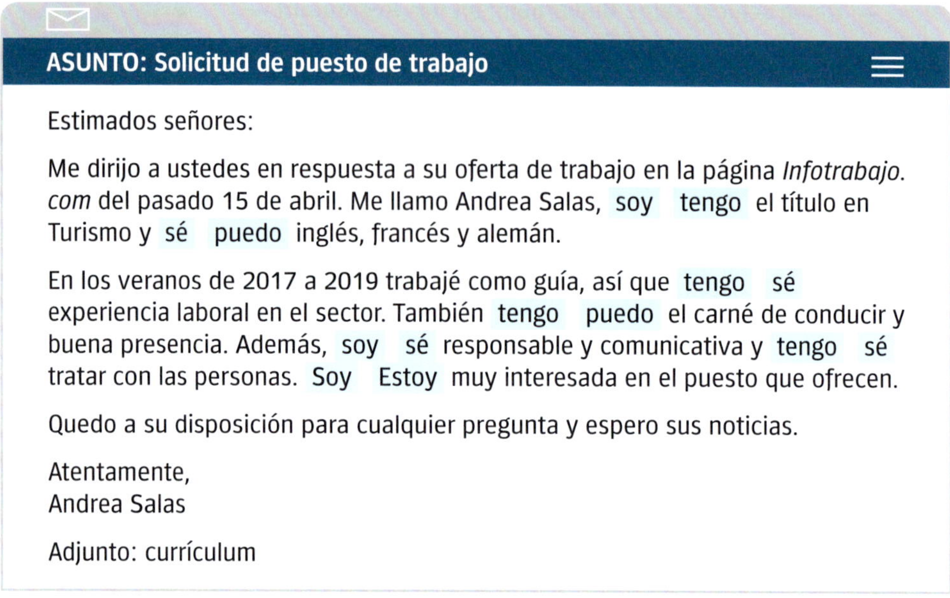
ASUNTO: Solicitud de puesto de trabajo

Estimados señores:

Me dirijo a ustedes en respuesta a su oferta de trabajo en la página *Infotrabajo.com* del pasado 15 de abril. Me llamo Andrea Salas, soy tengo el título en Turismo y sé puedo inglés, francés y alemán.

En los veranos de 2017 a 2019 trabajé como guía, así que tengo sé experiencia laboral en el sector. También tengo puedo el carné de conducir y buena presencia. Además, soy sé responsable y comunicativa y tengo sé tratar con las personas. Soy Estoy muy interesada en el puesto que ofrecen.

Quedo a su disposición para cualquier pregunta y espero sus noticias.

Atentamente,
Andrea Salas

Adjunto: currículum

4e Karin (siehe S. 72) bereitet ihre Bewerbung als Verkäuferin in Spanien vor. Verfassen Sie mithilfe der Angaben Karins Anschreiben.

Abschluss in Marketing – Erfahrung in dem Bereich – Fremdsprachen

Fähigkeiten: verantwortungsbewusst – kommunikativ – kann verkaufen und mit Leuten umgehen – Geduld – gutes Auftreten

Anhang: Lebenslauf

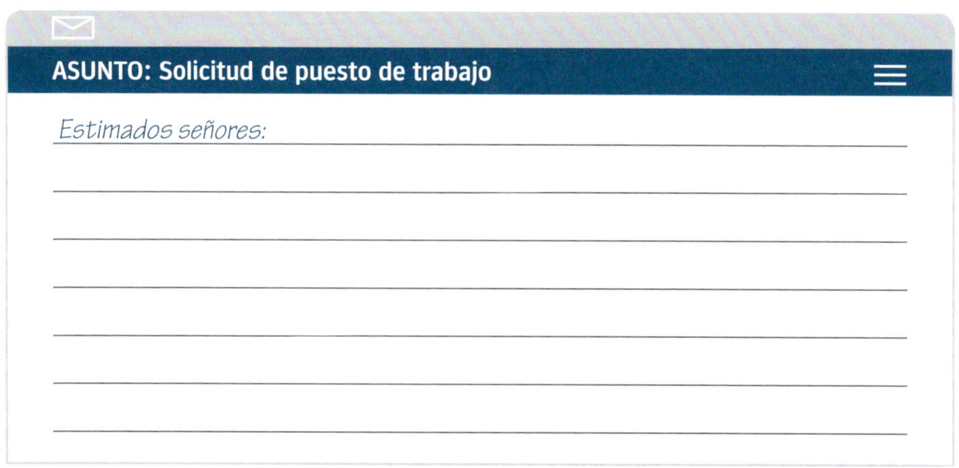
ASUNTO: Solicitud de puesto de trabajo

Estimados señores:

H De ciudades y barrios

H1 La ciudad tiene mucha oferta cultural.

1a Paula ist aus beruflichen Gründen nach Buenos Aires umgezogen und schreibt eine E-Mail an ihre Freunde Lucas und Ulrike. Lesen Sie die E-Mail und kreuzen Sie den passenden Betreff an.

☐ Mi nuevo piso en Buenos Aires

☐ Mis primeras impresiones de Buenos Aires

☐ Mi primer día de trabajo en Buenos Aires

Queridos amigos:

¿Qué tal estáis? Yo llegué bien a Buenos Aires. Todavía estoy un poco desorientada con el cambio de hora pero estoy bien. De momento estoy en un hotel y estoy buscando piso. ¡Esta ciudad es enorme! No sé por dónde empezar. Tiene unos tres millones de habitantes y es cosmopolita y también muy activa.

¡Y hace calor! Estamos en febrero, pero aquí es verano. Esta ciudad tiene un clima templado: cálido en verano y suave en invierno. Como la ciudad está situada a orillas del Río de la Plata, un día puedo ir a bañarme. ¿Sabéis dónde está la ciudad? Está en el este de Argentina, cerca del océano Atlántico.

Además, tiene mucha oferta comercial y cultural y sobre todo mucha vida nocturna. Y hay algo que me encanta: como la ciudad es muy plana, desde el hotel me puedo desplazar en bicicleta a muchos lugares. Pero a veces también necesito tomar el *subte* (aquí llaman así al metro) o algún *colectivo* (como llaman a los autobuses).

¿Y vosotros cómo estáis? Lucas, ¿ya te has instalado en Barcelona? Y a ti, Ulrike, ¿cómo te va en Hamburgo? Os escribiré pronto con más novedades.

Un abrazo desde Argentina, Paula

1b Lesen Sie die E-Mail noch einmal und suchen Sie im Text alle Kombinationen mit *ser*, *estar* und *tener*, die verwendet werden, um eine Stadt zu beschreiben.

ser: *enorme…* __________

estar: *situada a orillas de (un río)…* __________

tener: *(unos) tres millones de habitantes…* __________

1c Lesen Sie die E-Mail ein weiteres Mal und kreuzen Sie die richtigen Aussagen an.

1. Según Paula, Buenos Aires es una ciudad...
   a. ☐ mediana.
   b. ☐ pequeña.
   c. ☐ muy grande.

2. En Buenos Aires...
   a. ☐ siempre hace mucho calor.
   b. ☐ hay temperaturas suaves en verano.
   c. ☐ hay temperaturas suaves en invierno.

3. Buenos Aires está situada...
   a. ☐ al lado de un río.
   b. ☐ a orillas del océano Atlántico.
   c. ☐ en el oeste de Argentina.

4. A Paula le gusta mucho ir por la ciudad...
   a. ☐ en metro.
   b. ☐ en bicicleta.
   c. ☐ en autobús.

1d Lucas antwortet Paula und Ulrike. Lesen Sie seine E-Mail und unterstreichen Sie die jeweils richtige Verbform.

Queridas Paula y Ulrike:

Me alegro mucho por ti, Paula. A ti te gusta mucho la vida en la ciudad y seguro que Buenos Aires te va a encantar.

Yo tengo que adaptarme a la vida en la ciudad. Barcelona es muy diferente a mi pueblo: es está una ciudad muy grande y muy dinámica – está tiene aproximadamente 1.600.000 habitantes y hay mucha gente joven porque es está una ciudad universitaria.

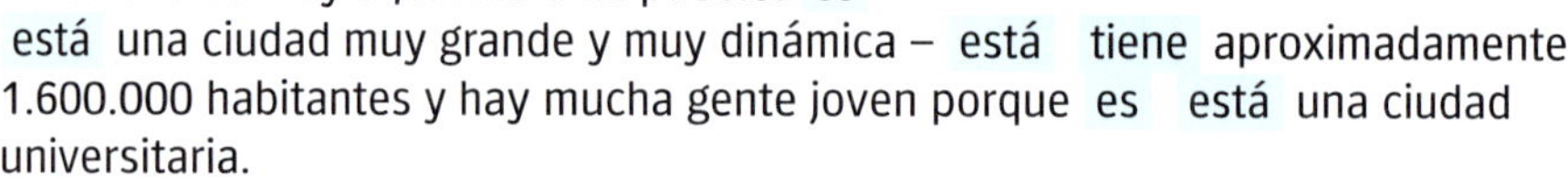

Tú, Paula, estás muy lejos ahora pero tú, Ulrike, ¡tienes que visitarme! Barcelona te va a gustar mucho. Está Es muy turística y moderna y tiene está una variada oferta comercial y de ocio: hay muchas tiendas, teatros, museos, etc. Además, podemos ir a la playa, porque está es situada a orillas del mar Mediterráneo. Está Tiene un clima suave pero hay mucha humedad.

En general, Barcelona es está muy bien comunicada; tiene es una buena red de transporte público. Incluso el autobús y el metro conectan en solo 30 minutos la ciudad con el aeropuerto, que es está a solo 15 kilómetros del centro. ¿Qué me dices? ¿Vienes a verme?

Un abrazo, Lucas

PD: Ulrike, le he dado tu contacto a mi amigo Lorenzo, que se muda a Hamburgo el mes que viene. ¿Quizás le puedes dar algún consejo?

1e Lesen Sie Lucas' E-Mail noch einmal und unterstreichen Sie die jeweils richtige Option.

1. Lucas antes vivía en una ciudad un pueblo.
2. Según Lucas, Barcelona es una ciudad muy tranquila activa.
3. Lucas dice que Barcelona ofrece muchas opciones de tiempo libre de deporte.
4. El clima de Barcelona es húmedo seco.
5. Según Lucas, el aeropuerto está bien mal comunicado con el centro.

Man verwendet *ser*, um bleibende Eigenschaften (z. B. einer Stadt) anzugeben: Buenos Aires **es** una ciudad muy grande. / Barcelona **es** moderna y universitaria. Beachte: Für viele Städte wird hierbei die weibliche Form des Adjektivs verwendet.

Man verwendet *estar* im Sinne von *sich befinden*: Buenos Aires **está** en el este de Argentina. / Barcelona **está** a orillas del mar Mediterráneo.

1f Übernehmen Sie die Rolle von Ulrike und antworten Sie Lucas. Beschreiben Sie mithilfe der Angaben die Stadt Hamburg und versuchen Sie Lucas zu überzeugen, sie zu besuchen.

im Norden von Deutschland – am Ufer der Elbe *(río Elba)* – 290 km von Berlin entfernt – im Winter sehr kalt und feucht – groß, modern, kosmopolitisch – ca. 2 Millionen Einwohner – vielfältiges Kulturangebot – viel Nachtleben – sehr wichtiger Hafen – Stadt generell gut angebunden

Querido Lucas:

Claro, ¡dale a tu amigo Lorenzo mi contacto! Y tú también puedes venir a Hamburgo.

H2 ¡No te puedes perder el Teatro Colón!

2a Lesen Sie den Chat zwischen Paula und ihrer Freundin Leticia und beantworten Sie die Fragen auf Seite 79.

Leticia, ¿qué tal estás? Oye, estoy en Buenos Aires. Tú viviste aquí un tiempo, ¿verdad?

¡Hola, Paula! ¡No me digas! ¡Buenos Aires te va a encantar!

¿Qué me recomiendas ver o visitar?

¡Pregunta difícil! Puedes visitar gratuitamente muchísimos museos y galerías de arte. ¡Ah, el cementerio de la Recoleta!

¿En serio? ¿Un cementerio?

¡Sí! Es que es el lugar ideal para conocer fácilmente la historia de Argentina con una visita guiada. ¡De verdad, vale la pena!

¡Tomo nota! ¿Y qué más?

¡No te puedes perder el Teatro Colón! Ah, y tienes que participar en alguna clase de tango en San Telmo. ¡Ahí siempre hay mucho ambiente!

¡Suena bien! Pero yo no sé bailar...

¡No importa! La gente te enseña. Es muy divertido. También te aconsejo pasear tranquilamente por el Jardín Japonés.

Bien, ¿y alguna cafetería típica?

¡Cómo no! ¡El mítico Café Tortoni! Ahí puedes sentarte cómodamente para tomar un buen café. Ah, muy importante: descárgate la aplicación del transporte público para desplazarte más rápidamente por la ciudad. Es muy práctica.

1. ¿Por qué escribe Paula a Leticia? ______________________

2. ¿Leticia puede ayudarle a Paula? ______________________

2b Lesen Sie den Chat noch einmal und kreuzen Sie an: Welche Freizeitaktivitäten in Buenos Aires empfiehlt Leticia ihrer Freundin?

A ☐ B ☐ C ☐

D ☐ E ☐ F ☐

2c Lesen Sie den Chat ein letztes Mal und kreuzen Sie an, welche Aussagen richtig *(verdadero)* und welche falsch *(falso)* sind.

		v	f
1.	En Buenos Aires hay muchos museos gratuitos.	☐	☐
2.	En el cementerio de La Recoleta se organizan visitas guiadas.	☐	☐
3.	Para conocer la historia de Argentina hay que visitar el Teatro Colón.	☐	☐
4.	En San Telmo hay clases de baile.	☐	☐
5.	Leticia no conoce ninguna cafetería típica.	☐	☐
6.	Leticia recomienda una aplicación para moverse mejor por la ciudad.	☐	☐

2d Ergänzen Sie die Ausdrücke mit den passenden Adverbien auf *-mente*. Überprüfen Sie Ihre Lösung dann anhand des Chats in 2a.

~~gratuito~~ • fácil • tranquilo • cómodo • rápido

1. visitar *gratuitamente*
2. conocer ______________
3. pasear ______________
4. sentarse ______________
5. desplazarse ______________

Die Adverbien auf *-mente* werden von der weiblichen Form der Adjektive auf *-o* abgeleitet: rápido → **rápidamente.** Achtung bei Konsonanten: difícil → **difícilmente.**

2e Übernehmen Sie die Rolle von Ulrike, die Lorenzo im Chat Empfehlungen zu Freizeitaktivitäten in Hamburg gibt. Was Sie sagen sollen, ist auf Deutsch angegeben.

Hola Ulrike, soy Lorenzo –Lucas me ha dado tu contacto. ¿Qué me recomiendas hacer en Hamburgo?

Schwierige Frage! Hamburg hat ein vielfältiges Freizeitangebot. Du kannst ins Theater gehen und viele Museen besuchen.

____

____

____

Bien. ¿Y para salir a tomar algo por la noche?

Du kannst in den Bars in St. Pauli etwas trinken. Da ist immer viel los!

____

____

¡Suena bien!

Du kannst auch in aller Ruhe in den Parks spazieren.

____

____

¿Hay algo en Hamburgo que no me puedo perder?

Ja, du musst den Fischmarkt am Sonntagvormittag besuchen. Es lohnt sich!

____

____

____

¡Tomo nota!

Und du kannst kostenlos in die Elbphilharmonie am Hafen hineingehen und Fotos machen.

____

____

____

Bien. ¿Y qué tal el transporte en la ciudad?

Du kannst dich leicht mit der U-Bahn fortbewegen!

____

____

H3 Gracia no tiene tantos parques como Pedralbes.

3a Lucas überlegt, in welchem Stadtviertel in Barcelona er eine Wohnung suchen soll. Lesen Sie die E-Mail, die er seinen Freundinnen schickt, und schreiben Sie die Namen der Stadtviertel unter das jeweils passende Foto.

A ______________________

B ______________________

C ______________________

¡Hola, chicas!

Estoy buscando piso en Barcelona y es difícil decidir el barrio.

He visto un piso en el barrio de Pedralbes, que está situado en la montaña. Me parece un barrio muy tranquilo y acogedor. Es una zona residencial, con muchos parques y muchas zonas verdes –pero es uno de los barrios más caros de la ciudad.

Por otro lado, el barrio de Gracia también me gusta mucho. Está mucho más cerca del centro que Pedralbes. No tiene tantos parques como Pedralbes pero tiene más servicios. Tiene más tiendas, más teatros y más cines que otros barrios. Además, es un barrio tradicional y moderno a la vez.

Y también he visto un piso en el barrio de Barceloneta que me ha gustado mucho. Está a 5 minutos de la playa. Barceloneta es un barrio muy activo y tiene tanta oferta gastronómica como Gracia, pero es el barrio más turístico y hay más ruido –y tiene menos zonas para pasear tranquilamente que Pedralbes.

Los tres barrios tienen el mismo número de ventajas... ¿Qué me aconsejáis?

Un abrazo, Lucas

3b Lesen Sie die E-Mail noch einmal. Auf welches Stadtviertel beziehen sich die Aussagen (es können auch mehrere Optionen richtig sein)? Kreuzen Sie Pedralbes (P), Gracia (G) oder Barceloneta (B) an.

¿Qué barrio/s...	P	G	B
1. ...atrae a más turistas?	☐	☐	☐
2. ...tiene más zonas verdes para pasear?	☐	☐	☐
3. ...tiene muchos restaurantes?	☐	☐	☐
4. ...es el más caro?	☐	☐	☐
5. ...tiene la oferta comercial y cultural más amplia?	☐	☐	☐

3c Paula beantwortet die E-Mail von Lucas, aber einige Wörter sind leider verschwunden. Lesen Sie ihre E-Mail, in der sie zwei Stadtviertel von Buenos Aires vergleicht, und ergänzen Sie die Lücken mithilfe der angegebenen Wörter.

como • más • menos • misma • mismo • que • tanto • tantos

Querido Lucas:

¡Te entiendo muy bien! Yo también estoy buscando piso en Buenos Aires y es difícil decidir el barrio más adecuado. Piensa qué factores son más importantes para ti.

Yo tengo que decidir entre San Telmo y Recoleta, que están a la __________ distancia de mi trabajo. Por un lado, me gusta mucho el barrio de San Telmo porque tiene __________ zonas comerciales pero tiene __________ zonas verdes para pasear __________ Recoleta. Recoleta no tiene __________ bares __________ San Telmo y por eso no hay __________ ruido. Y yo creo que los dos barrios tienen el __________ número de galerías de arte. ¡Me gustan los dos barrios! ¿Qué hago?

Un beso, Paula

más / menos ... (que)	mehr ... / weniger ... (als)
tanto/a/os/as ... (como)	genau so viel/e ... (wie)
el mismo / la misma ... (que)	der / die gleiche ... (wie)

3d Lorenzo von Seite 80 befindet sich auf Wohnungssuche in Hamburg. Übernehmen Sie die Rolle von Ulrike, die für ihn zwei Stadtviertel in Hamburg vergleicht. Schreiben Sie eine kurze E-Mail mithilfe der Angaben.

	Eppendorf	Sternschanze
bares	+	++
ruido	+	++
oferta cultural	+	++
zonas verdes	++	+
distancia al trabajo	3 km	3 km

Querido Lorenzo:

Me has preguntado qué ventajas y desventajas tienen Eppendorf y Sternschanze.

Sternschanze tiene más bares…

____

____

____

____

H4 El mayor problema de la ciudad es el tráfico.

4a In einem sozialen Netzwerk hat eine Stadtverwaltung die Einwohner zu den örtlichen Problemen befragt. Lesen Sie die Beiträge und kreuzen Sie an, welche Themen erwähnt werden.

a. ☐ el tráfico
b. ☐ la contaminación
c. ☐ el transporte público
d. ☐ la oferta de tiempo libre
e. ☐ la vivienda
f. ☐ los centros educativos
g. ☐ la seguridad
h. ☐ el ruido

Beitrag 1

Para mí, el mayor problema que tiene la ciudad es que los alquileres en el centro son carísimos. Y comprar un piso es impensable. El Ayuntamiento tiene que regular los precios porque así no podemos vivir. Saludos, Alejandro

Beitrag 2

Tienes razón, Alejandro. Por ese motivo me mudé con mi familia a las afueras de la ciudad pero ahora tenemos otra desventaja. No hay suficientes líneas de autobuses para ir al centro y dependemos continuamente del coche. Y claro, en la hora punta siempre encontramos atascos para entrar en el centro. Necesitamos más autobuses. Un saludo, Sandra

Beitrag 3

Yo no estoy de acuerdo contigo, Sandra. Yo también vivo en las afueras y el barrio está bien comunicado con el centro. Yo creo que el principal problema que tiene la ciudad es la delincuencia. Por la noche ya no puedes salir tranquilamente; hay muchos robos en el centro. Necesitamos más policías en la calle. Saludos, Isabel

Beitrag 4

No sé... Depende del barrio. Yo no tengo esa sensación de inseguridad. Yo pienso que el mayor problema de la ciudad es la contaminación. Hay demasiados coches y pocas alternativas ecológicas. A mí me gustaría ir en bici al trabajo pero en el centro no hay carriles bici. Y claro, ir en bici por el centro es peligroso. Hasta luego, César

4b Lesen Sie die Beiträge auf Seite 83 noch einmal und kreuzen Sie die richtigen Aussagen an.

a. ☐ Alejandro dice que hay problemas de aparcamiento en el centro.

b. ☐ Sandra piensa que vivir en el centro es muy caro.

c. ☐ Sandra dice que las afueras no están bien comunicadas con el centro en transporte público.

d. ☐ Isabel tiene problemas con el transporte público.

e. ☐ Isabel ve mucha inseguridad en las calles de la ciudad.

f. ☐ César dice que la ciudad es muy ecológica.

4c Lesen Sie die Beiträge ein letztes Mal und finden Sie die Ausdrücke, die verwendet werden, um ...

1. seine Meinung zu äußern: *Para mí ...* ______________________
2. Zustimmung oder Widerspruch auszudrücken: ______________________

   ____
3. Zweifel auszudrücken: ______________________

4d Übernehmen Sie jetzt die Rolle von Antonia, die ebenfalls einen Beitrag für das soziale Netzwerk schreibt. Schreiben Sie ihren Beitrag mithilfe der Angaben.

mit César einverstanden – größtes Problem der Stadt: Verkehr – viele Staus in der Hauptverkehrszeit → Parkplatzprobleme *(problemas de aparcamiento)* im Zentrum und viel Verschmutzung

mehr Fahrradwege und besseren öffentlichen Nahverkehr!

Estoy... ______________________

____

____

____

____

____

____

I El mundo de hoy y del futuro

I1 ¡Estamos al día!

1a In einem sozialen Netzwerk wird eine Umfrage gemacht. Lesen Sie die Beiträge und kreuzen Sie einen passenden Titel für die Umfrage an.

☐ Noticias: ¿en la radio o en la tele? ☐ ¿Y tú cómo te informas?

☐ Periódicos digitales

Beitrag 1

¡Buenos días! Yo principalmente veo el telediario y algunos programas de actualidad por la noche. Me interesa mucho la previsión del tiempo porque soy guía. De esa manera organizo mejor las visitas guiadas por la ciudad. Saludos, Carla

Beitrag 2

¡Hola! A mí me gusta mucho escuchar las noticias en la radio en el coche o en el metro. A veces compro el periódico deportivo cuando hay algún evento importante. Ah, y por motivos de trabajo también compro revistas especializadas para conocer las novedades de mi sector. Para mí, es importante estar al día. Un saludo, Dani

Beitrag 3

¡Buenos días! En general leo la prensa diaria de información general en el portátil o en la tableta. Y me informo a través de aplicaciones y redes sociales. No quiero pagar por información en papel que está disponible en Internet. La única prensa que compro en el quiosco son revistas del corazón para mi madre. Hasta pronto, Silvia

Beitrag 4

¡Buenas tardes! Entre semana navego por Internet para informarme pero el fin de semana es diferente. Para mí, no hay nada como sentarme en la terraza de un bar y leer el periódico en papel por placer los domingos. Además, el diario viene con un suplemento de fin de semana con reportajes muy interesantes. Saludos, Luis

1b Lesen Sie die Beiträge noch einmal und unterstreichen Sie die jeweils richtige Option.

1. Carla se informa sobre todo a través de la radio la televisión.
2. Dani a veces nunca compra prensa escrita.
3. Silvia se informa a través de medios digitales revistas en papel.
4. A Luis le gusta mucho leer el periódico en papel entre semana los domingos.

1c Lesen Sie die Beiträge auf Seite 85 ein letztes Mal und finden Sie die spanischen Entsprechungen der deutschen Begriffe.

1. Tagesschau *telediario*
2. soziale Netzwerke ____________
3. Sportzeitung ____________
4. Fachzeitschrift ____________
5. Klatschzeitschrift ____________
6. Beilage ____________

Para wird verwendet, um Zweck *(para informarme)*, Adressat *(para mi padre)* oder Meinung *(para mí, es importante ...)* auszudrücken.

Por wird verwendet, um Grund *(por motivos de)*, Mittel *(por teléfono)*, Gegenwert *(pagar por información)* oder unbestimmte Orts- oder Zeitangabe *(por la noche / la ciudad)* auszudrücken.

1d Lesen Sie einen weiteren Beitrag und ergänzen Sie mit *por* oder *para*.

¡Buenos días! ____________ informarme, siempre escucho la radio ____________ la mañana y después al mediodía veo el telediario. Si salgo a correr ____________ el parque, también escucho la radio ____________ Internet y a veces leo la prensa digital. ____________ mí, no es importante leer prensa en papel ni pagar ____________ ella; solo leo revistas del corazón en papel ____________ curiosidad cuando estoy en la peluquería.
Saludos, Petra

1e Übernehmen Sie jetzt die Rolle von Klaus, einem Spanischlerner, der auch an der Umfrage teilnimmt. Schreiben Sie einen kurzen Beitrag mithilfe der Angaben.

jeden Tag: digitale Presse auf dem Tablet oder dem Handy lesen + Tagesschau abends – samstags: aus Interesse – Zeitung in Papierform kaufen (interessante Beilage) – manchmal: aus beruflichen Gründen Fachzeitschriften kaufen + Sportzeitung für meinen Vater kaufen – Meinung: wichtig auf dem Laufenden zu sein

¡Hola! Para informarme yo leo ...

I2 Las viviendas serán muy diferentes.

2a In einem Blog finden Sie den folgenden Artikel über Gebäude in der Zukunft. Lesen Sie den Text und ordnen Sie die Überschriften den Absätzen zu.

Adiós a algunas tareas domésticas
Arquitectura tecnológica y ecológica
Viviendas pequeñas pero flexibles
Sistemas personalizados

Absatz 1: ____________________

Hoy en día, usamos el móvil prácticamente para todo. La tecnología está muy presente, también en nuestras viviendas. No sé si en el futuro habrá casas en el espacio o en la luna, pero estoy seguro de que las casas serán inteligentes, estarán en edificios más sostenibles y usarán más las energías renovables.

Absatz 2: ____________________

Como en el futuro tendremos problemas de espacio, las casas no serán grandes. En cambio, tendrán paredes móviles que podremos mover para ganar metros cuadrados en una habitación. Y los muebles cambiarán según nuestras necesidades. Por ejemplo, subiremos la cama al techo para tener más espacio durante el día y la bajaremos por la noche para dormir.

Absatz 3: ____________________

El eterno problema de "¡No encuentro las llaves!" desaparecerá porque en el futuro abriremos la puerta con otros métodos más modernos que nos reconocerán con la voz o con los ojos. Además, regularemos no solo la temperatura de la casa, sino también el clima: elegiremos la estación del año en nuestra propia terraza.

Absatz 4: ____________________

En el futuro ya no existirán actividades pesadas como planchar la ropa o limpiar los cristales. Las casas inteligentes regarán las plantas, pasarán la aspiradora e incluso nos escribirán la lista de la compra con la comida o los productos que faltan automáticamente. ¿Vosotros también creéis que las casas serán así?

2b Lesen Sie noch einmal und kreuzen Sie die richtigen Aussagen an.

1. El autor está seguro de que en el futuro...
   a. ☐ las viviendas serán inteligentes.
   b. ☐ habrá viviendas en el espacio.
   c. ☐ habrá viviendas en la luna.

2. Para ganar espacio podremos mover...
   a. ☐ las paredes.
   b. ☐ los muebles.
   c. ☐ las paredes y los muebles.

3. En las casas del futuro no existirán...
   a. ☐ las terrazas.
   b. ☐ las llaves.
   c. ☐ las estaciones del año.

4. Según el autor, en el futuro...
   a. ☐ no haremos la compra.
   b. ☐ no haremos la lista de la compra.
   c. ☐ no tendremos productos en casa.

2c Lesen Sie Absatz 4 des Artikels auf Seite 87 noch einmal und kreuzen Sie an, welche Aufgaben im Haushalt nach Meinung des Autors verschwinden werden.

A ☐

B ☐

C ☐

D ☐

E ☐

F ☐

2d Lesen Sie den Artikel auf Seite 87 ein weiteres Mal und unterstreichen Sie alle Zukunftsformen, die darin vorkommen.

Das *Futuro Simple* wird gebildet, indem man die zugehörigen Endungen an den Infinitiv anhängt. Die Endungen sind für alle Konjugationen gleich (auch bei den unregelmäßigen Verben): *-é, -ás, -á, -emos, -éis, -án*

2e Lesen Sie zwei Leserkommentare zu dem Artikel in 2a und ergänzen Sie die Lücken mit der richtigen Verbform in der Zukunft.

tener • desaparecer • hacer • vivir • ser

Sonia: Sí, yo también imagino que en el futuro la población __________ en casas más pequeñas, pero __________ más ecológicas. Las viviendas __________ más comodidades que hoy y las personas __________ muchas tareas domésticas de forma automática; yo también pienso que muchas tareas __________.

haber • poder • subir • salir • saber

Manuel: Además, yo creo que __________ ciudades verticales y con todo tipo de servicios, así que nosotros no __________ a menudo de casa. El problema es que el precio de la vivienda __________, sobre todo en las grandes ciudades. No sé si la gente __________ pagar casas inteligentes; lo __________ (nosotros) en unos años.

Folgende Verben sind im *Futuro Simple* unregelmäßig: *decir* – **dir**é, *hacer* – **har**é, *tener* – **tendr**é, *poder* – **podr**é, *poner* – **pondr**é, *querer* – **querr**é, *salir* – **saldr**é, *venir* – **vendr**é, *saber* – **sabr**é, *hay* (*haber*) – **habr**á

2f Übernehmen Sie wieder die Rolle von Klaus aus 1e, der den Artikel ebenfalls kommentieren will. Schreiben Sie einen kurzen Beitrag mithilfe der Angaben.

In der Zukunft:

wir – in kleineren Wohnungen wohnen

Wohnungen – in höheren Gebäuden sein + wird es im All und auf dem Mond geben + werden ökologische Systeme haben

aber: nicht alle werden eine intelligente Wohnung zahlen können

Technologie: nicht alle Aufgaben im Haushalt machen

Yo también creo que en el futuro…

13 Yo creo que desaparecerá la prensa en papel.

3a Manuel hat Oriol den Blogartikel von Seite 87 geschickt. Lesen Sie den Chat zwischen Manuel y Oriol und kreuzen Sie an, welche Themen erwähnt werden.

- ☐ viajes y transportes
- ☐ moda
- ☐ dinero
- ☐ familia
- ☐ tareas domésticas
- ☐ comercio
- ☐ alimentación
- ☐ periódicos

Oriol, ¿qué te parece el artículo?

No sé... Podremos limpiar o cocinar a través de aplicaciones pero no todas las casas del futuro serán inteligentes.

Estoy de acuerdo. ¿Y qué me dices de las ciudades verticales?

Habrá ciudades verticales pero desaparecerán muchas tiendas de hoy porque todo el mundo comprará por Internet. Y dentro de unos diez años ya no existirán ni las monedas ni los billetes.

Sí, yo también lo pienso. Y también desaparecerán los libros y la prensa en papel.

La prensa quizás sí, pero los libros, no. ¡No me imagino un mundo sin libros en papel! ¿Y tú crees que viajaremos al espacio?

Mmm... Solo los ricos viajarán al espacio.

Sí, yo también lo creo. Y seguro que el transporte será más ecológico porque no habrá gasolina en el futuro.

Exacto. Y viajaremos en coches sin conductor.

¡No! ¡A mí me encanta conducir!

Yo creo que sabremos conducir, pero todos los coches tendrán esa opción automática.

3b Lesen Sie den Chat noch einmal und kreuzen Sie an, welche Aussagen richtig *(verdadero)* und welche falsch *(falso)* sind.

	v	f
1. Oriol cree que todo el mundo vivirá en una casa inteligente.	☐	☐
2. Oriol dice que en el futuro no habrá tantas tiendas como ahora.	☐	☐
3. Manuel cree que desaparecerán monedas y billetes.	☐	☐
4. Oriol está seguro de que los libros en papel no existirán.	☐	☐
5. Manuel cree que no toda la gente podrá pagar un viaje al espacio.	☐	☐
6. Manuel piensa que en el futuro la gente no sabrá conducir.	☐	☐

3c Manuel chattet auch mit seinem deutschen Freund Franz über den Artikel. Übernehmen Sie die Rolle von Franz. Was Sie sagen sollen, wird auf Deutsch angegeben.

Franz, ¿tú te imaginas así el futuro?

Ja, die Technologien werden viele Aufgaben im Haushalt machen.

____

____

¿Y crees que en 20 años existirá la prensa en papel todavía?

Nein, die Presse in Papierform wird in 10 Jahren komplett verschwinden. Wir werden nur digitale Zeitungen lesen.

____

____

____

¿Y qué más desaparecerá?

Die Schulen. Die Kinder werden nicht mehr in die Schule gehen. Der Unterricht wird online gegeben.

____

____

____

¡Qué horror! ¡Qué impersonal!

Und es wird viel Umweltverschmutzung geben. Dafür werden die Verkehrsmittel viel ökologischer sein. Aber wir werden es in einigen Jahren sehen!

____

____

____

____

en diez años / **dentro de** diez años = in 10 Jahren

I4 Tenemos que reciclar los residuos.

4a Ordnen Sie die Begriffe zur Umwelt dem richtigen Foto zu.

reciclaje • contaminación del mar • energía solar • calentamiento global

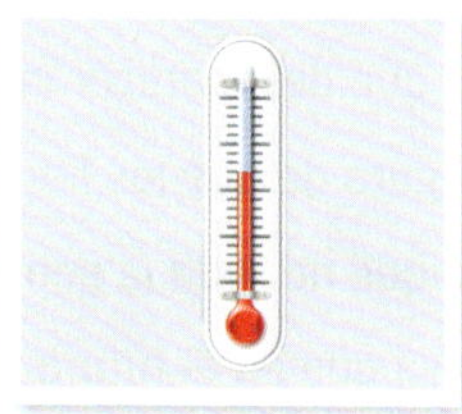

 ______  ______  ______   ______

4b In einer digitalen Zeitung finden Sie die folgenden kurzen Nachrichten. Lesen Sie die Texte und ordnen Sie sie dem richtigen Foto von 4a zu.

Nachricht 1 – Foto ___

Ayer se registró la temperatura más alta de la historia en el Polo Norte. Según los científicos, este fenómeno provocará una importante subida del nivel del mar en los próximos años. "Si continuamos así, algunas islas y ciudades de la costa desaparecerán dentro de 50 años" dicen los expertos.

Nachricht 2 – Foto ___

Según un estudio, la población española consume un 30% menos de plástico y separa los residuos un 20% más que hace diez años. "El plástico es un gran problema" dice Carmen Jiménez. "Si no reducimos el consumo de plástico y reciclamos los materiales, el mundo ya no será un lugar para vivir".

Nachricht 3 – Foto ___

Los miembros de una asociación ecologista han encontrado esta mañana una ballena muerta a orillas del mar de la Península Valdés, en Argentina. La ballena tenía 40 kilos de plástico en el estómago. "El mar está lleno de residuos. Tenemos que usar más materiales respetuosos con el medio ambiente" dice un miembro de la asociación.

Nachricht 4 – Foto ___

El gobierno español estudia un plan para aumentar las energías renovables. "Un día ya no tendremos petróleo, así que estamos estudiando cuál es la mejor energía alternativa para España" afirma el Ministerio de Medio Ambiente. "España es uno de los países europeos con más horas de sol al año. Tenemos que aprovechar ese recurso natural".

4c Klaus hat in Spanien eine Ferienwohnung gemietet und muss im Treppenhaus den folgenden Aushang zur Mülltrennung verstehen. Lesen Sie den Aushang und kreuzen Sie unten die jeweils richtige Option an.

¿CÓMO DIFERENCIAR LOS CONTENEDORES DEL RECICLAJE?

Contenedor azul: envases de cartón y papel. Por favor, doblen las cajas de cartón porque así ocupan menos espacio. Servilletas de papel sucias no.

Contenedor amarillo: envases y productos de plástico (también los bricks), las latas y el aluminio de las tapas de los yogures.

Contenedor verde: envases de vidrio. Por favor, retiren las tapas metálicas o los tapones de corcho que normalmente van con los envases de vidrio. Bombillas no.

Contenedor marrón: basura orgánica, es decir, residuos de origen animal o vegetal. Por favor, tiren aquí los cartones con manchas de aceite y los tapones de corcho.

Contenedor gris: residuos generales como pañales o juguetes rotos.

Por favor, para tirar medicamentos usen el contenedor de la farmacia de la Plaza Mayor y para tirar pilas usen el contenedor de pilas del supermercado Mercasol que encontrarán en esta misma calle.

1. El contenedor azul es para...

4. Klaus necesita el contenedor marrón para...

2. Klaus necesita el contenedor amarillo para tirar...

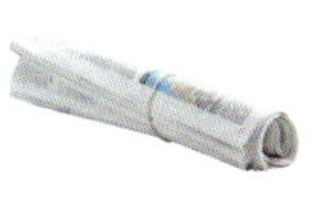

5. En la calle del apartamento de Klaus hay un contenedor especial para...

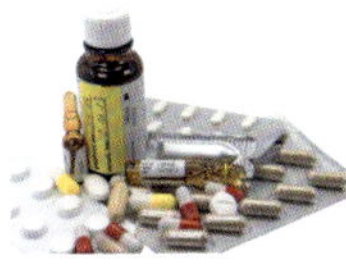
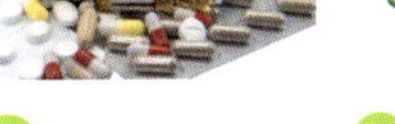

3. ¿Qué tiene que tirar Klaus en el contenedor verde?

Lösungen

A Te invito a mi fiesta

A1 Confirmad vuestra asistencia.

1a A – Nochevieja B – cumpleaños C – boda D – Navidad E – inauguración F – graduación

1b SMS 1 – Foto D SMS 2 – Foto F SMS 3 – Foto B SMS 4 – Foto A
Foto C und E bleiben übrig.

1c E-Mail 1 – formell E-Mail – informell

1d 1 – por la tarde 2 – tres 3 – es necesario 4 – de jubilación 5 – ropa hippy

1e
1. *Estimados estudiantes de la facultad de Medicina:, Querida familia:*
2. *Tenemos el placer de invitarles a… / Para celebrar la ocasión, os invitamos a todos a…*
3. *Por favor, confirmen su asistencia. / Por favor, confirmad vuestra asistencia.*
4. *Atentamente / Un beso*
5. *PD (posdata)*

1f **Mögliche Lösung**
Queridos amigos:
Para celebrar el Año Nuevo todos juntos os invito a una fiesta de Nochevieja el 31 de diciembre a partir de las 21 horas en mi casa. No tenéis que traer nada. (¡Cuento con vosotros!)
Un beso,
Fernando
PD: Por favor, confirmad vuestra asistencia.

A2 ¿Llevamos cerveza o vino?

2a A, C, D, F, G

2b 1 – muchas cervezas 2 – el zumo de piña 3 – una tarta de chocolate 4 – de la música

2c 1 – van, llevar, llevar 2 – venís, traer

2d **Mögliche Lösung**
Querido Fernando:
¡Por supuesto! Claro que Carla y yo vamos a tu fiesta. ¿Qué llevo / Qué llevamos? Has dicho que no tenemos que llevar nada pero quiero / queremos llevar algo. ¿Llevo / Llevamos vino o cava? ¿Qué prefieres / quieres? Y algunos zumos. ¿De manzana o de piña? ¿Cuáles prefieres / quieres? Además, me puedo ocupar de la música (y llevar una lista de canciones para bailar).
Estamos en contacto.
Un beso, Aitor

A3 Estamos buscando aparcamiento.

3a 1 – f 2 – f 3 – v 4 – v 5 – v

3b **Mögliche Lösung**
Fernando, ¿estáis de camino?
No, yo me estoy vistiendo y Carla se está duchando.
¿Me podéis hacer un favor? No tengo uvas para todos…
Claro, podemos llevar más uvas. Compramos un kilo, ¿vale?
¡Sí! Perfecto, ¡gracias!
¿Tenéis las uvas?
Sí, estamos esperando en la caja.
¿Dónde estáis? Ya han llegado todos…
Estamos buscando aparcamiento en tu calle.

A4 ¿El pendiente es tuyo?

4a A – Elena B – Mario C – Alberto D – Laura

4b Vuestros, tuyo, de (Laura, Mario, Alberto), suyo, suyas

4c 1 – b 2 – a 3 – b 4 – c

4d **Mögliche Lösung**
Aitor, ¡muchas gracias por venir a la fiesta!
Gracias a ti por la invitación. ¡Lo pasamos muy bien / genial!
¿Estos guantes son tuyos?
Sí, ¡son míos! Genial, ¡no los he perdido!
¿Y la bufanda es de Juan?
Sí, la bufanda es suya.

¿Crees que el móvil es de Mónica?
No, creo que es (el) de Javier.

B Cuéntame qué pasó

B1 Tuve mi primera cita en verano de 1993.

1a Ja, alle Beiträge passen zu dem Thema: la primera vez que hicisteis algo.

1b Beitrag 1 – Foto D Beitrag 2 – Foto B
Beitrag 3 – Foto A Beitrag 4 – Foto C

1c 1 – tuvo un accidente 2 – rompió un objeto 3 – tuvo problemas de comunicación, 4 – antes de la cita

1d ¡Hola a todos! Recuerdo la primera vez que yo *viajé* a Granada en verano de 2017 para hacer un curso de español. El primer día salí de clase, *fui* a un bar con un compañero y *pedí* una cerveza. El camarero me *sirvió* la cerveza con un plato pequeño con tortilla. Yo no *dije* nada y comí la tortilla. Después, mi compañero *pidió* otra cerveza y el camarero se la *trajo* con un plato pequeño con carne en salsa. Entonces nosotros *hablamos* con el camarero y él nos *explicó* que en Granada es tradición servir con la bebida un pequeño plato gratuito de comida. ¡Me encanta Granada!

1e **Mögliche Lösung**
¡Hola a todos! Yo recuerdo muy bien mi primer día de trabajo. Salí de casa temprano. Tomé/Cogí el metro y en el metro me llamó mi novio. (Por eso) confundí la parada y bajé en la parada errónea / equivocada. (Así que) tuve que tomar un taxi pero llegué tarde al trabajo. Mi jefe no dijo nada sobre mi retraso. ¡Tuve suerte! Saludos, Lucía

B2 Fue una experiencia interesantísima.

2a Ja, Carlos möchte die gleiche Reise machen wie Miguel.

2b 1 – f 2 – v 3 – f 4 – v 5 – f

2c **Mögliche Lösung**
Johannes, tú fuiste a Austria el año pasado, ¿no?
Sí, el verano pasado hice una ruta en Austria con mi familia.
¿Y os gustó?
Sí, ¡fue increíble!
¿Qué hicisteis?
Los primeros días visitamos museos y castillos en Viena. Y eso fue un poco estresante con los niños.
¿Y dónde más fuisteis?
Después fuimos a Tirol. Hicimos muchas excursiones a las montañas. ¡Fue fantástico!
¿Y qué tal el alojamiento?
Estuvimos en hoteles muy bonitos. Y el personal fue muy simpático / simpatiquísimo con nosotros.

2d b, c, e, f, h

2e c. la semana pasada *fui*
☐ perfecto ☒ indefinido
d. ayer *estuve*
☐ perfecto ☒ indefinido
e. hoy *he llegado*
☒ perfecto ☐ indefinido
f. todavía no *he probado*
☒ perfecto ☐ indefinido
g. ¿*habéis estado* alguna vez en esta zona?
☒ perfecto ☐ indefinido

2f **Mögliche Lösung**
Querido Carlos:
Esta mañana he leído tu entrada en el blog. (Así que) esta tarde he decidido visitar el centro de España. Hace dos años estuve en Andalucía y me gustó mucho / me encantó. El año pasado viajé a Barcelona pero todavía no he estado en el centro de España. ¿Has estado alguna vez en Madrid? ¿Tienes consejos? ¿Cuánto tiempo estuviste en Salamanca la semana pasada? ¿En Ávila subiste a la muralla? ¿Ya has gastado mucho dinero?
Un saludo,
Hanna

B3 El curso de español me encantó.

3a Bewertung 1 – 🙂 Bewertung 2 – ☹
Bewertung 3 – 🙂

3b 1 – c 2 – b 3 – c 4 – a

3c **Mögliche Lösung**
¡Hola a todos! Me llamo Hanna y soy de Múnich. Aprendo español desde hace cuatro años y desde 2017 hago todos los veranos un curso de idiomas en España. El mes pasado hice un curso en la escuela AprendeELE. El curso en general me gustó (aprendí mucho vocabulario y mejoré la pronunciación) pero a veces la clase me aburrió / fue aburrida. Saludos, Hanna

B4 El año más importante de la historia de mi país.

4a Beitrag 1 – Foto B Beitrag 2 – Foto A
Beitrag 3 – Foto C

4b **Mögliche Lösung**
Para mí, el año más importante de la historia de Alemania fue el 1989. En aquel año cayó el muro de Berlín. Mi padre fue a Berlín Este, pudo ver a su familia otra vez y conoció a mi madre allí. Yo nací un año después.

C De regalos y tiendas

C1 Al abuelo le podemos regalar una corbata.

1a el Día de la Madre

1b A, B, E, F

1c 1 – f 2 – v 3 – v 4 – f 5 – v 6 – f

1d Hola, Elvira:
¿Qué *tal* estás? Te escribo porque *faltan* pocas semanas para Navidad y tenemos que pensar en algunas ideas *para* la familia. ¿Has pensado algo para papá y mamá? ¿Y para Silvia? ¿Y para el abuelo? Ya *sabes* que yo soy un desastre con los regalos y que *nunca* tengo ideas originales. *Menos mal* que estás tú.
Un beso, Gonzalo

1e **Mögliche Lösung**
Querido Gonzalo:
Hoy he mirado algunas páginas de Internet y he visto algunas cosas interesantes. La corbata se la podemos regalar / podemos regalársela al abuelo. Es muy elegante. El bolso se lo podemos regalar / podemos regalárselo a mamá. Es muy práctico. Las gafas de sol se las podemos regalar / podemos regalárselas a Silvia. Son muy bonitas. Y el pulsómetro se lo podemos regalar / podemos regalárselo a papá. Es un regalo original. ¿Qué te parece? / ¿Te gustan mis ideas?
Un beso,
Elvira

C2 No he encontrado nada para mamá.

2a Foto B

2b 1 – no ha encontrado nada 2 – zapatería
3 – originales 4 – no es 5 – en Internet

2c **Mögliche Lösung**
Cariño, ¿qué tal van las compras?
Para mi padre todavía no he encontrado nada. / Para mi padre no he encontrado nada todavía.
¿Has mirado las camisas en la tienda de ropa?
Sí, pero no he visto ninguna para él.
¿Y tienes ideas para tu madre?
Sí, en la tienda de accesorios hay algunos collares originales.
Bien. ¿Y para David has visto alguna gorra?
No, no he encontrado ninguna gorra para él.
Vaya...
¡Pero tengo algo para ti!

C3 Me gusta hacer jarrones de cerámica.

3a Anzeige 1 – Foto C Anzeige 2 – Foto D
Anzeige 3 – Foto A Anzeige 4 – Foto B

3b Formen: *rectangulares, cuadrados, redondos*

Materialien: *barro, madera, metal, cuero, tela*
Vorzüge: *decorativas, único, personal, precioso, original, bonito, útil*

3c 1 – c 2 – d 3 – a 4 – e 5 – b

3d **Mögliche Lösung**
Querida Sara:
He encontrado dos posibles regalos para mamá en un blog de una chica que vende artesanías muy bonitas (te envío las fotos). He visto este collar de madera muy bonito. Está hecho a mano y está pintado en diferentes colores. También he visto este bolso de tela (también hay de cuero). Está cosido a mano y es muy útil y práctico para mamá. Hay diferentes tamaños. ¿Qué regalo te gusta más para mamá? / ¿Qué te parecen estas ideas?
Un beso,
Nuria

C4 ¿Los gastos de envío están incluidos?

4a ¡Descubre mis complementos hechos a mano!

4b 1 – a 2 – b 3 – c 4 – c

4c a, c, d, f

4d **Mögliche Lösung**
Buenos días, Leticia:
Mi hermana y yo estamos buscando un regalo para el Día de la Madre. Hemos encontrado tu blog y nos han gustado mucho tus bolsos. Queremos saber si los haces en color verde (es el color preferido de nuestra madre). Tenemos algunas preguntas más: ¿Puedes hacer un bolso más grande? ¿Cuánto cuesta un bolso más grande? / ¿Qué precio tiene un bolso más grande? ¿Cuánto tiempo dura el envío? ¿Los gastos de envío están incluidos? Vivimos en Málaga.
Muchas gracias por tu respuesta.
Saludos,
Nuria

D Así eran las cosas

D1 De joven siempre llevaba bigote.

1a 1 – Necesita fotos.
2 – Para hacer un "fotolibro" a su padre por su cumpleaños.

1b A – el abuelo Fermín B – el tío Francisco C – la abuela Amparo; es fehlt das Foto von tía Catalina

1c A – 2 B – 3 C – 1

1d era, estaba, eran, Era, había, viajábamos, vivíamos, eran, tenían

1e **Mögliche Lösung**
Querido sobrino:
He encontrado algunas fotos de la familia para el árbol genealógico. Te envío una foto del tío Simón. Era moreno y llevaba bigote. (¡Era muy guapo!) También te envío una foto de la tía Felisa. Era morena, tenía el pelo corto y llevaba gafas. (¡Era muy guapa!). Si encuentro más fotos, te escribo.
Un abrazo,
Tío Salvador

D2 Antes veíamos la televisión en blanco y negro.

2a Sie beschreibt die Sommerferien, die sie als Mädchen und junge Frau mit ihrer Familie verbracht hat.

2b 1 – v 2 – f 3 – v 4 – f 5 – v 6 – f

2c **Mögliche Lösung**
Tío, ¿has encontrado más fotos?
No, pero he encontrado muchas cartas. Antes no hacíamos tantas fotos…
Imagino. Las cosas han cambiado mucho.
Sí, antes no teníamos cámaras. ¡En cambio hoy todos tienen una!
En realidad tenemos cámaras en los móviles.
Y antes solo teníamos un teléfono en casa, ¡pero ahora todos tenemos un móvil!

¡Es verdad! ¿Y veías la televisión en casa?
Sí, veíamos la televisión. Pero entonces era en blanco y negro.
¿Y había lavadora en vuestra casa?
¡No! ¡La abuela lavaba todo a mano!

D3 Me acuerdo de las comidas familiares.

3a Foto B

3b 1 – b 2 – a 3 – c 4 – c

3c **Mögliche Lösung**
Querido sobrino:
He encontrado más fotos. Creo que no los conoces pero estos son el tío Antonio y la tía Chantal. El tío Antonio vivía en Francia y todos los veranos nos visitaba en España. (Me acuerdo de que) siempre nos traía vinos franceses. La tía Chantal era la mujer del tío Antonio. Era francesa y trabajaba en una tienda de moda. Siempre venía a España con su marido. (Me acuerdo de que) no hablaba español pero era / me parecía muy simpática. También te envío una foto de Rusti. También era un miembro de la familia. Era muy activo. (Me acuerdo de que) hacíamos muchas excursiones con él a la sierra / a la montaña. / Me acuerdo de las excusiones que hacíamos con él a la sierra / a la montaña.
(De momento, esto es todo. Si encuentro más fotos, te escribo.)
Un abrazo,
Tío Salvador

D4 ¿Y tú dónde estabas?

4a Beitrag 1 – En la calle con unos vecinos
Beitrag 2 – En casa
Beitrag 3 – En territorio enemigo
Die Überschrift "En la piscina del hotel" bleibt übrig.

4b 1 – su aire acondicionado no funcionaba
2 – mucha gente 3 – se sentía mal
4 – no eran los únicos españoles

4c ¡Hola! Mis hermanos y yo *estábamos* en el balcón en casa de mis padres. Yo *tenía* unos nueve años. *Era* julio y *hacía* mucho calor. Mis padres *estaban* delante de la televisión, que *era* en blanco y negro, como todas las de aquella época. Entonces, Neil Amstrong *dijo* en inglés: "Este es un pequeño paso para el hombre, pero un gran salto para la humanidad". Mis hermanos y yo *entramos* en casa para ver el momento. ¡Qué emoción!
Un saludo, Isabel

4d **Mögliche Lösung**
¡Hola! Yo tenía unos 20 años y estaba en la fábrica. Era sábado (antes siempre trabajaba los sábados) y hacía mucho calor. En la fábrica no había / teníamos televisor pero había / teníamos una radio. La radio cayó al suelo y se rompió. No escuché la noticia... (¡Qué lástima! / ¡Qué pena!)
Saludos, José

D5 De repente, todos me miraron de forma extraña.

5a **Absatz** *1*
Una vez, estaba con mis amigos en el Camino de Santiago. Todo fue bien hasta que una noche nos perdimos. Estábamos ya muy cansados y hacía frío. No sabíamos exactamente dónde estábamos. Como ninguno tenía batería en los móviles para buscar un mapa on-line, decidimos caminar hasta el siguiente pueblo y pedir ayuda.
Absatz *2*
Llegamos al primer pueblo a la una y media de la noche; no había nadie en la calle. Primero, llamamos a una puerta pero nadie abrió. Después, llamamos a otras puertas pero no tuvimos éxito –era tardísimo...
Absatz *3*
Salimos del pueblo y en las afueras de repente encontramos una granja. Era muy grande y había muchos animales: cabras, ovejas, cerdos... Entramos en el establo y nos quedamos dentro porque fuera hacía mucho frío. Dormimos un poco.
Absatz *4*
Más tarde, a las seis de la mañana, llegó el granjero. Era un hombre muy simpático y

amable. Le explicamos nuestra situación y nos llevó a su casa. Nos sirvió un café y cargamos los móviles. Allí descansamos un poco y finalmente continuamos nuestro camino hasta el siguiente pueblo. ¡Qué aventura!

5b a, c, e, f, g

5c Una vez, hasta que, ya, Como, Primero, Después, de repente, porque, Más tarde, finalmente

5d Anekdote 1 – Foto A Anekdote 2 – Foto C
Anekdote 3 – Foto B

5e Kommentar A – Anekdote 3
Kommentar B – Anekdote 2
Kommentar C – Anekdote 1

5f **Mögliche Lösung**
¡Hola a todos! Un día yo salí de mi casa sin móvil y sin llaves. Era invierno y hacía mucho frío. Fui al supermercado de la esquina, que era muy grande. Había mucha gente ese día / aquel día. Hice la compra y pagué. (Entonces) Volví a casa con la compra, que pesaba mucho / que era muy pesada. Como no tenía las llaves, no pude abrir la puerta. Esperé a mi marido delante de la puerta y al final / finalmente llegó, ¡tres horas después / después de tres horas / tres horas más tarde!
Saludos, Elena

E El placer de comer bien

E1 El pan nunca falta en la mesa.

1a ¿Qué y cuándo comen los españoles?

1b 1 – v 2 – f 3 – v 4 – f 5 – f 6 – v

1c **Mögliche Lösung**
¡Hola a todos! Soy de Austria. Creo que mucha gente en mi país desayuna entre las 7 y las 9 de la mañana. El desayuno típico es muesli / cereales con yogur o pan con mantequilla y mermelada, y un café. Más tarde, entre las 12 y las 13 horas, tiene lugar la comida principal / la comida del mediodía. Normalmente consiste en un plato de carne con una guarnición, por ejemplo arroz, patatas o ensalada. A media tarde, entre las 15 y las 16 horas, merendamos un café con tarta. Entre las 18 y las 19 horas cenamos pan con embutido y queso. (La cena es más ligera que la comida principal).
Hasta pronto,
Verena

1d Abschnitt 1 – Foto D Abschnitt 2 – Foto C
Abschnitt 3 – Foto F Abschnitt 4 – Foto E
Abschnitt 5 – Foto A Foto B bleibt übrig.

1e 1 – a 2 – c 3 – b 4 – c

E2 El guacamole estaba un poco salado.

2a 1 – Guacamole, enchiladas y flan
2 – No, Natalia preparó un flan de postre.

2b 1 – B 2 – A 3 – A 4 – B 5 – B 6 – A

2c

alemán	español
lecker	*buenísimo / rico / bueno*
versalzen	*salado*
scharf	*picante(s)*
süss	*dulce*
fade	*soso*
warm	*calientes*
kalt	*frías*

2d **Mögliche Lösung**
Natalia, muchas gracias por la comida, de verdad. ¡Estaba todo buenísimo!
¡Me alegro! ¿Pero la escalivada no estaba un poco salada?
No, para nada. Estaba muy rica. Además, yo pongo bastante sal cuando cocino. Oye, y la salsa alioli estaba buenísima.
¿De verdad? Yo creo que estaba demasiado picante.
Estaba un poquito fuerte, pero a mí me gusta mucho el ajo.
¡En España cocinamos con mucho ajo!

¡Lo sé! ¡Y la sangría también me encantó!

Pero estaba un poco caliente…

Sí, un poquito, pero estaba muy buena.

Y fría seguro que está mejor.

Y tú me tienes que dar la receta de tu arroz con leche. ¡Estaba muy bueno!

¿Te gustó? ¿No estaba un poco soso?

Para nada. Estaba muy dulce.

Pues más tarde te envío la receta.

¡Y ahora tú me tienes que dar la receta de tu guacamole!

¡Por supuesto! ¡Y tú a mí la receta de la escalivada!

E3 Bate los huevos y échalos a la olla.

3a *1* Querida Natalia:
Aquí tienes la receta del guacamole que te prometí. Se necesitan dos aguacates, un tomate pequeño, media cebolla, el zumo de una lima, un poco de cilantro y sal.

2 Primero, se pela la cebolla y se lava el tomate y se cortan en trozos muy pequeños.

3 Después, se corta el aguacate por la mitad, se separan las dos mitades y con una cuchara se saca toda la parte verde y se echa en un cuenco.

4 A continuación, se añaden los trozos de cebolla y tomate al cuenco y se mezcla todo con un tenedor. Se corta el cilantro en trozos muy pequeños.

5 Se echa a la mezcla el cilantro ya cortado y se añaden el zumo de la lima y la sal al gusto.

6 Al final, la mezcla se sirve en un cuenco con unas tortillas. Encima se pueden poner algunos trozos pequeños de cebolla o de tomate como decoración.

7 ¡Que aproveche!
Un abrazo, Nicté

3b 1 – e 2 – d 3 – a 4 – b 5 – c

3c A – berenjena B – aceite de oliva
C – sal D – pimiento rojo E – vinagre
F – cebolla

3d lavar, pelar, poner, echar, meter (en el horno), asar, sacar (del horno), dejar enfriar, cortar, servir, añadir

3e **Mögliche Lösung**
Querido Hugo:
Como te gustó mucho la ensalada de patata típica de mi región, te voy a dar la receta. Se necesitan 400 g (gramos) de patatas y 100 g de cebolla, y para la salsa se necesitan cinco cucharadas de vinagre, una cucharadita de sal, una cucharada de mostaza, dos cucharaditas de azúcar y un poco de perejil.
Primero, se cuecen / se hierven las patatas, se pelan y se cortan en trozos. Después, se pela la cebolla y se corta en trozos pequeños. Se mezclan los ingredientes de la salsa en un recipiente / cuenco y se añade / se echa la mezcla a las patatas y se deja enfriar. La ensalada se sirve fría.
¡Que aproveche!
Un abrazo,
Verena

3f flan

3g pon, añade, calienta, remueve, bate, échalos, añade, echa, métela, cuécela, mete, saca, déjalo enfriar, sírvelo, envíame

3h

échalos	*los huevos*
métela	*la mezcla*
cuécela	*la mezcla*
déjalo enfriar	*el molde*
sírvelo	*el postre / el flan*

3i Querida Natalia:
Para el arroz con leche, necesitas 100 g de arroz, un litro de leche, la piel de un limón y de una naranja, una rama de canela, 70 g de azúcar y 10 g de mantequilla.
Primero *pon* en una olla la leche, el arroz, la piel del limón y de la naranja y la rama de canela, y *calienta* la mezcla unos 45 minutos. Mientras *remuévela* (la mezcla) con una cuchara. Después *añade* el azúcar y la mantequilla a la olla. *Saca* la piel del limón y de la naranja, y la rama de canela y

mezcla todo bien. *Sirve* el arroz con leche en cuencos pequeños y *déjalo* (el arroz con leche) enfriar. Al final, puedes echar un poco de canela en polvo encima de cada cuenco.
Un beso, Nicté

3j **Mögliche Lösung**
Querido Hugo:
También te envío la receta de las manzanas asadas. Se necesitan cuatro manzanas, dos cucharadas de azúcar, 100 g (gramos) de mantequilla, un poco de vainilla y un poco de canela. (Primero) Lava las manzanas y ponlas en una bandeja de horno. Pon / echa la mantequilla encima de las manzanas. Añade el azúcar y la vainilla y pon / echa un poco de agua en la bandeja. (Después) mete la bandeja en el horno y asa las manzanas a 200 grados durante 30 minutos. Saca la bandeja del horno y (al final) pon / echa la canela encima de las manzanas. Sírvelas calientes o frías. (¡Es muy fácil! / ¡Que aproveche!)
Besos, Verena

F Mente sana en cuerpo sano

F1 Estoy muy estresado y de mal humor.

1a Pablo y Gonzalo deciden apuntarse (juntos) a un gimnasio.

1b 1 – v 2 – v 3 – f 4 – v 5 – f 6 – v

1c **Mögliche Lösung**
Ana, ¿cómo estás? Hace mucho que no hablamos

No estoy muy bien. / Estoy regular. Últimamente estoy muy cansada y estresada.

¡Vaya! ¡Pero tú siempre estás de buen humor! ¿Qué te ha pasado?

Tengo mucha presión en el trabajo. Y por eso no duermo bien.

¡Lo siento mucho!

Y por el estrés como y fumo demasiado. Creo que tengo sobrepeso.

¡Eso no es bueno! Oye, ¿por qué no te apuntas a mi gimnasio? El ejercicio físico te puede ayudar.

Sí, buena idea. Tengo que manejar mejor el estrés. El deporte me puede ayudar.

F2 Me duele la garganta.

2a A – dolor de estómago B – dolor de espalda C – dolor de garganta

2b Beitrag 1 – Foto C Beitrag 2 – Foto B
Beitrag 3 – Foto A Beitrag 4 – kein Foto

2c **Antwort 1 – Beitrag** *2*
Inscríbase a un gimnasio con una piscina y *nade*. Además, *hable* con un fisioterapeuta. Mientras, *dese* masajes en el cuello varias veces al día.

Antwort 2 – Beitrag *4*
¡*Vaya* urgentemente al dentista! Una infección en una muela puede ser muy peligrosa. ¡*Pida* cita hoy mismo! Si su dentista hoy no está disponible, *escríbame* y le doy el contacto de un colega.

Antwort 3 – Beitrag *3*
Tome infusiones de manzanilla o *pruebe* con unas gotas de jengibre. Más tarde, si se encuentra mejor, *coma* algo muy suave, por ejemplo, un poco de arroz blanco.

Antwort 4 – Beitrag *1*
Descanse en la cama y *duerma*. *Beba* mucha agua. Y *tome* leche caliente. Si se encuentra muy mal, *póngase* en contacto con su médico.

2d **Mögliche Lösung**
¡Hola! Últimamente me duelen los ojos y la cabeza. / Tengo dolor de ojos y de cabeza. A veces estoy mareado / me mareo. (Es que) Tengo mucho trabajo / Trabajo mucho y estoy sentado / paso muchas horas delante del ordenador. Hago deporte una vez a la semana pero no (me) ayuda. ¿Algún consejo? / ¿Tiene consejos?
Gracias, Pablo

F3 ¡Apuntaos al gimnasio!

3a Absatz 1 – *Instalaciones*
Absatz 2 – *Cursos y servicios*
Absatz 3 – *Tarifa y horarios*

3b ¡Hola a todos! Yo me he apuntado a la semana de prueba y la verdad es que el nuevo gimnasio me encanta. La piscina *cubierta* es perfecta para practicar la *natación*; el único punto negativo es que en la zona jacuzzi hay mucha gente por la tarde. Los *entrenadores* personales te ayudan muchísimo, sobre todo en la sala de *máquinas*. La pista de *atletismo* es genial para correr. Las clases de *aeróbic* son muy divertidas y por primera vez en mi vida he hecho yoga en la clase para *principiantes*. En general, las *instalaciones* son ideales para los amantes del deporte y de la vida sana. Un pequeño inconveniente: el *aparcamiento* es demasiado pequeño y no hay espacio para todos los coches de los clientes. ¡Venid a la semana de prueba!
Saludos, Ángela

3c **Mögliche Lösung**
¡Hola a todos! Yo también me he apuntado a la semana de prueba y el nuevo gimnasio me gusta mucho. Las instalaciones son muy buenas / Tiene buenas instalaciones: la piscina cubierta es muy grande y la sala de máquinas está bien equipada / y tienen una sala de máquinas bien equipada. (Por eso) Puedo ejercitar / fortalecer los brazos y las piernas muy bien. De los cursos y servicios, me gustan las clases de yoga. Son perfectas para relajarse y los entrenadores personales son muy simpáticos. El único punto negativo / Un pequeño inconveniente es que los sábados hay demasiada gente en la sauna.
¡Apuntaos y poneos en forma! Saludos, Gonzalo

F4 ¿Los masajes están incluidos?

4a Kurhotel A

4b 1 – A 2 – A 3 – B 4 – K 5 – A, B
6 – A 7 – K 8 – B

4c 1 – una semana
2 – cómo llegar en transporte público
3 – a qué hora
4 – un tratamiento con fango
5 – una parte

4d **Mögliche Lösung**
Buenos días:
Me llamo Ana Villarejo y desde hace un tiempo estoy muy estresada en el trabajo y fumo demasiado. He encontrado su balneario en Internet, pero antes de hacer la reserva me gustaría saber algunas cosas más.
¿Tienen disponibilidad para la primera semana de junio? (Es la única semana que tengo para hacer el tratamiento). ¿Cómo se llega / puedo llegar hasta el balneario? (¿Se puede ir en coche y en transporte público?) ¿Hay un programa con actividades? / ¿Qué horario tienen las actividades? ¿Todos los tratamientos están incluidos en el precio? ¿En qué consiste / Cómo es el programa antitabaco? Y, por último, ¿tengo que dar una paga y señal?
Muchas gracias de antemano.
Atentamente, Ana Villarejo

F5 Me encantaron las instalaciones del balneario.

5a Bewertung 1 – ☹ Bewertung 2 – ☺
Bewertung 3 – ☹ Bewertung 4 – ☺

5b busquen, pruébenlos, vayan, apúntense

5c 1 – a 2 – c 3 – c 4 – b

5d **Mögliche Lösung**
¡Buenos días! Me llamo Ana y la semana pasada estuve en Picos de Europa Resort. Me gustó mucho el paisaje. / El balneario está en un paisaje muy bonito / tiene vistas a un paisaje muy bonito. Las instalaciones son nuevas y el personal es muy amable /

simpático. (Desde mi estancia en el balneario) me siento / me encuentro / estoy mejor. Mi dolor de espalda ha mejorado, duermo mejor y he dejado de fumar. El único punto negativo es el precio: ¡es muy caro! Pero vale / merece la pena. ¡Reserve(n) / Pruébe(n)lo una semana!

G El mundo laboral

G1 Para mí es importante la estabilidad.

1a Los factores que valoran los españoles y las españolas en su trabajo

1b 1 – f 2 – v 3 – v 4 – v 5 – f 6 – f

1c 1 – *sueldo* 2 – *estabilidad* 3 – *contrato fijo* 4 – *trabajo en equipo* 5 – *formación continua* 6 – *ambiente agradable* 7 – *posibilidades de promoción*

1d 1 – tener una remuneración más alta 2 – el tipo de tarea 3 – aprender cosas nuevas 4 – el ambiente agradable

1e **Mögliche Lösung**
¡Hola a todos! Yo me llamo Markus y soy profesor de idiomas en Alemania. En mi puesto de trabajo, yo valoro / para mí es (muy) importante tener una tarea interesante, tener un buen jefe / un jefe simpático y trabajar en un ambiente agradable. En mi trabajo me gustaría tener más estabilidad y un contrato fijo (de momento no tengo / recibo sueldo / remuneración en vacaciones).

G2 Se ofrece contrato temporal.

2a A – peluquera B – cuidadora de niños C – guía turístico D – entrenador de tenis E – cocinero F – mecánico

2b Jobangebot 1 – Foto E,
Jobangebot 2 – Foto C,
Jobangebot 3 – Foto B.
Foto A, D und F bleiben übrig.

2c Anzeige 1 – Jobangebot 3
Anzeige 2 – Jobangebot 2
Anzeige 3 – Jobangebot 1

2d **Mögliche Lösung**
¡Buenos días! Me llamo Karin Egger y busco un puesto como dependienta en una tienda el verano que viene en España. Tengo un título en Marketing y experiencia en este sector (ya he trabajado como dependienta). Hablo alemán, inglés y un poco de español. Soy una persona paciente / Tengo paciencia. No es un problema trabajar los sábados. Si necesita una dependienta para su tienda, ¡escríbame! / ¡póngase en contacto conmigo!

G3 Acabo de preparar mi currículum.

3a Absatz 1: *Datos personales*
Absatz 2: *Estudios y formación*
Absatz 3: *Experiencia laboral*
Absatz 4: *Conocimientos de idiomas*
Absatz 5: *Otras competencias*

3b 1 – b 2 – c 3 – a 4 – c

3c David no tiene un título en Economía, no tiene nivel medio de italiano y no tiene coche propio.

3d 1 – acabo de... 2 – dejé de...
3 – volví a... 4 – he empezado a...

3e **Mögliche Lösung**
Datos personales
Nombre y apellidos: Karin Egger
Dirección: Hansastr. 3, 10115 Berlín
Fecha de nacimiento: 05/09/1994
Nacionalidad: alemana
Contacto:
Tel: 0163 1737257
Correo electrónico: k.eg@gnx.de

Estudios y formación
2015 – *2019* Título en Marketing, Universidad de Berlín

Experiencia laboral
2017 – 2019 *Dependienta en la tienda JuliasMode, Berlín*
2018 Prácticas en *Werby, Berlín*

Conocimientos de idiomas
alemán: *lengua materna*
inglés: *nivel alto (C1)*
español: *nivel A2*
francés: *conocimientos básicos*

Otras competencias
Carné de conducir y *conocimientos de informática a nivel de usuario*

G4 Me dirijo a ustedes en respuesta a su oferta.

4a ASUNTO: Solicitud de puesto de trabajo
1 Estimados señores:
Me dirijo a ustedes en respuesta a su oferta de trabajo en la página Info-trabajo.com del pasado 15 de abril. Me llamo David Jiménez y tengo el título de Hostelería de la Escuela Superior de Hostelería de Bilbao.
2 De 2016 a 2019 trabajé como cocinero en un restaurante y en un hotel, así que tengo experiencia en el sector. También tengo el carné de conducir.
3 Además, soy una persona organizada, creativa y en la cocina soy muy exigente y sé trabajar en equipo. Estoy muy interesado en el puesto que ofrecen.
4 Quedo a su disposición para cualquier pregunta y espero sus noticias.
5 Atentamente,
David Jiménez
6 Adjunto: currículum

4b a, c, e

4c 1 – Estimados señores:
2 – Me dirijo a ustedes en respuesta a su oferta de trabajo (en la página)...
3 – Atentamente,
4 – Adjunto:

4d ASUNTO: Solicitud de puesto de trabajo
Estimados señores:
Me dirijo a ustedes en respuesta a su oferta de trabajo en la página Info-trabajo.com del pasado 15 de abril. Me llamo Andrea Salas, *tengo* el título en Turismo y *sé* inglés, francés y alemán.
En los veranos de 2017 a 2019 trabajé como guía, así que *tengo* experiencia laboral en el sector. También *tengo* el carné de conducir y buena presencia.
Además, *soy* responsable y comunicativa y *sé* tratar con las personas. *Estoy* muy interesada en el puesto que ofrecen.
Quedo a su disposición para cualquier pregunta y espero sus noticias.
Atentamente,
Andrea Salas
Adjunto: currículum

4e **Mögliche Lösung**
ASUNTO: Solicitud de puesto de trabajo
Estimados señores:
Me dirijo a ustedes en respuesta a su oferta de trabajo. Me llamo Karin Egger, tengo un título en Marketing y tengo experiencia en el sector. También hablo / sé idiomas.
Además, soy (una persona) responsable y comunicativa y sé vender y tratar con las personas / con la gente. Tengo paciencia y buena presencia. Estoy muy interesada en el puesto que ofrecen.
Quedo a su disposición para cualquier pregunta y espero sus noticias.
Atentamente,
Karin Egger
Adjunto: currículum

H De ciudades y barrios

H1 La ciudad tiene mucha oferta cultural.

1a Mis primeras impresiones de Buenos Aires

1b ser: *enorme, cosmopolita, (muy) activa, (muy) plana*

estar: *situada a orillas de (del Río de la Plata), en el este de (Argentina), cerca de (del océano Atlántico)*
tener: *(unos) tres millones de habitantes, un clima templado, (mucha) oferta comercial y cultural, (mucha) vida nocturna*

1c 1 – c 2 – c 3 – a 4 – b

1d Queridas Paula y Ulrike:
Me alegro mucho por ti, Paula. A ti te gusta mucho la vida en la ciudad y seguro que Buenos Aires te va a encantar.
Yo tengo que adaptarme a la vida en la ciudad. Barcelona es muy diferente a mi pueblo: *es* una ciudad muy grande y muy dinámica –*tiene* aproximadamente 1.600.000 habitantes y hay mucha gente joven porque *es* una ciudad universitaria. Tú, Paula, estás muy lejos ahora pero tú, Ulrike, ¡tienes que visitarme! Barcelona te va a gustar mucho. *Es* muy turística y moderna y *tiene* una variada oferta comercial y de ocio: hay muchas tiendas, teatros, museos, etc. Además, podemos ir a la playa, porque *está* situada a orillas del mar Mediterráneo. *Tiene* un clima suave pero hay mucha humedad.
En general, Barcelona *está* muy bien comunicada; *tiene* una buena red de transporte público. Incluso el autobús y el metro conectan en solo 30 minutos la ciudad con el aeropuerto, que *está* a solo 15 kilómetros del centro. ¿Qué me dices? ¿Vienes a verme?
Un abrazo,
Lucas
PD: Ulrike, le he dado tu contacto a mi amigo Lorenzo, que se muda a Hamburgo el mes que viene. ¿Quizás le puedes dar algún consejo?

1e 1 – un pueblo 2 – activa 3 – de tiempo libre 4 – húmedo 5 – bien

1f **Mögliche Lösung**
Querido Lucas:
Claro, ¡dale a tu amigo Lorenzo mi contacto! Y tú también puedes venir a Hamburgo. (Seguro que te va a gustar / encantar.)
Hamburgo / La ciudad está (situada) en el norte de Alemania, a orillas del río Elba y a 290 km de Berlín. En invierno tiene un clima muy frío y húmedo. / En invierno hace mucho frío y hay mucha humedad. Es una ciudad grande, moderna y cosmopolita. Tiene unos / aproximadamente dos millones de habitantes y tiene una variada oferta cultural y mucha vida nocturna. (Además) tiene un puerto muy importante. En general, la ciudad está bien comunicada. ¿Qué me dices? ¿Vienes a visitarme?
Un abrazo,
Ulrike

H2 ¡No te puedes perder el Teatro Colón!

2a 1 – Porque Paula quiere consejos / recomendaciones de Leticia sobre Buenos Aires.
2 – Sí.

2b B, C, E, F

2c 1 – v 2 – v 3 – f 4 – v 5 – f 6 – v

2d 1 – visitar *gratuitamente*
2 – conocer *fácilmente*
3 – pasear *tranquilamente*
4 – sentarse *cómodamente*
5 – desplazarse *rápidamente*

2e **Mögliche Lösung**
Hola, Ulrike, soy Lorenzo –Lucas me ha dado tu contacto. ¿Qué me recomiendas hacer en Hamburgo?
¡Pregunta difícil! Hamburgo tiene una variada oferta de ocio. Puedes ir al teatro y visitar muchos museos.
Bien. ¿Y para salir a tomar algo por la noche?
Puedes tomar algo en los bares de St. Pauli. ¡Ahí hay siempre mucho ambiente!
¡Suena bien!
También puedes pasear tranquilamente en los parques.

¿Hay algo en Hamburgo que no me puedo perder?

Sí, tienes que visitar el mercado de pescado el domingo por la mañana. ¡Vale la pena!

¡Tomo nota!

Y puedes entrar gratuitamente en la "Elbphilarmonie" en el puerto y hacer fotos.

Bien. ¿Y qué tal el transporte en la ciudad?

¡Te puedes desplazar / mover fácilmente en metro!

H3 Gracia no tiene tantos parques como Pedralbes.

3a A – Barceloneta B – Gracia C – Pedralbes

3b 1 – B 2 – P 3 – G, B 4 – P 5 – G

3c Querido Lucas:
¡Te entiendo muy bien! Yo también estoy buscando piso en Buenos Aires y es difícil decidir el barrio más adecuado. Piensa qué factores son más importantes para ti.
Yo tengo que decidir entre San Telmo y Recoleta, que están a la *misma* distancia de mi trabajo. Por un lado, me gusta mucho el barrio de San Telmo porque tiene *más / menos* zonas comerciales pero tiene *menos / más* zonas verdes para pasear *que* Recoleta. Recoleta no tiene *tantos* bares *como* San Telmo y por eso no hay *tanto* ruido. Y yo creo que los dos barrios tienen el *mismo* número de galerías de arte. ¡Me gustan los dos barrios! ¿Qué hago?
Un beso,
Paula

3d **Mögliche Lösung**
Querido Lorenzo:
Me has preguntado qué ventajas y desventajas tienen Eppendorf y Sternschanze. Sternschanze tiene más bares que Eppendorf y por eso hay más ruido. / Eppendorf no tiene tantos bares como Sternschanze y por eso hay menos ruido. / Eppendorf tiene menos bares que Sternschanze y por eso no hay tanto ruido.
Además, Sternschanze tiene más oferta cultural que Eppendorf. / Eppendorf no tiene tanta oferta cultural como Sternschanze. / Eppendorf tiene menos oferta cultural que Sternschanze.
Por otro lado, Eppendorf tiene más zonas verdes (para pasear tranquilamente). / Sternschanze no tiene tantas zonas verdes como Eppendorf. / Sternschanze tiene menos zonas verdes que Eppendorf.
Y los dos barrios están a la misma distancia de tu trabajo (unos 3 kilómetros).
(Es difícil decidir el barrio adecuado. Piensa qué factores son más importantes para ti. Si necesitas más información, escríbeme).
Un abrazo,
Ulrike

H4 El mayor problema de la ciudad es el tráfico.

4a a, b, c, e, g

4b b, c, e

4c 1 – Para mí... / Yo creo que... / Yo pienso que...
2 – Tienes razón. / Yo no estoy de acuerdo (contigo).
3 – No sé... Depende (del barrio).

4d **Mögliche Lösung**
Estoy de acuerdo con César. Para mí, el mayor problema de la ciudad es el tráfico. Hay muchos atascos en la hora punta y por eso hay muchos problemas de aparcamiento en el centro y mucha contaminación. ¡Necesitamos más carriles bici y mejor transporte público! Saludos,
Antonia

I El mundo de hoy y del futuro

I1 ¡Estamos al día!

1a ¿Y tú cómo te informas?

1b 1 – la televisión
2 – a veces
3 – medios digitales
4 – los domingos

1c 1 – *telediario* 2 – *redes sociales*
3 – *periódico deportivo* 4 – *revista especializada* 5 – *revista del corazón*
6 – *suplemento*

1d ¡Buenos días! *Para* informarme, siempre escucho la radio *por* la mañana y después al mediodía veo el telediario. Si salgo a correr *por* el parque, también escucho la radio *por* Internet y a veces leo la prensa digital. *Para* mí, no es importante leer prensa en papel ni pagar *por* ella; solo leo revistas del corazón en papel *por* curiosidad cuando estoy en la peluquería. Saludos, Petra

1e **Mögliche Lösung**
¡Hola! Para informarme yo leo todos los días la prensa digital en la tableta o en el móvil y veo el telediario por la noche. Los sábados compro el periódico en papel por interés (viene con un suplemento interesante). A veces compro revistas especializadas por trabajo / por motivos de trabajo y también compro el periódico deportivo para mi padre. ¡Para mí es importante estar al día! Saludos, Klaus

I2 Las viviendas serán muy diferentes.

2a Absatz 1:
Arquitectura tecnológica y ecológica
Absatz 2:
Viviendas pequeñas pero flexibles
Absatz 3:
Sistemas personalizados
Absatz 4:
Adiós a algunas tareas domésticas

2b 1 – a 2 – c 3 – b 4 – b

2c A, C, D, E

2d *habrá, serán, estarán, usarán, tendremos, serán, tendrán, podremos, cambiarán, subiremos, bajaremos, desaparecerá, abriremos, reconocerán, regularemos, elegiremos, existirán, regarán, pasarán, escribirán, serán*

2e **Sonia**
Sí, yo también imagino que en el futuro la población *vivirá* en casas más pequeñas, pero *serán* más ecológicas. Las viviendas *tendrán* más comodidades que hoy y las personas *haremos* muchas tareas domésticas de forma automática; yo también pienso que muchas tareas *desaparecerán*.

Manuel
Además, yo creo que *habrá* ciudades verticales y con todo tipo de servicios, así que nosotros no *saldremos* a menudo de casa. El problema es que el precio de la vivienda *subirá*, sobre todo en las grandes ciudades. No sé si la gente *podrá* pagar casas inteligentes; lo *sabremos* en unos años.

2f **Mögliche Lösung**
Yo también creo que en el futuro viviremos en casas más pequeñas y / que estarán en edificios más altos. Habrá casas en el espacio y en la luna y tendrán sistemas ecológicos. Pero no todos podremos / podrán pagar una casa inteligente y la tecnología no hará todas las tareas domésticas.

I3 Yo creo que desaparecerá la prensa en papel.

3a viajes y transportes, dinero, tareas domésticas, comercio, periódicos

3b 1 – f 2 – v 3 – v 4 – f 5 – v 6 – f

3c **Mögliche Lösung**

Franz, ¿tú te imaginas así el futuro?

Sí, las tecnologías harán muchas tareas domésticas.

¿Y crees que en 20 años existirá la prensa en papel todavía?

No, la prensa en papel desaparecerá completamente en / dentro de 10 años. Leeremos solo periódicos digitales.

¿Y qué más desaparecerá?

Las escuelas. Los niños no irán a la escuela. Las clases serán on-line / en línea.

¡Qué horror! ¡Qué impersonal!

Y habrá mucha contaminación. En cambio, los medios de transporte serán más ecológicos. ¡Pero lo veremos en / dentro de algunos / varios años!

14 Tenemos que reciclar los residuos.

4a A – energía solar
B – contaminación del mar
C – calentamiento global
D – reciclaje

4b Nachricht 1 – Foto C Nachricht 2 – Foto D
Nachricht 3 – Foto B Nachricht 4 – Foto A

4c 1 – A 2 – B 3 – B 4 – A 5 – B

Quellenverzeichnis

Cover, Rücktitel: © Getty Images/iStock/Milkos

Fotos Innenteil:

S. 7: A © fotolia/Smileus; B © Getty Images/iStock/shironosov; C © Thinkstock/Lightwavemedia/Wavebreakmedia Ltd; D © Getty Images/iStock/CasarsaGuru; E © Getty Images/E+/SolStock; F © Getty Images/iStock/michaeljung
S. 9: © Getty Images/E+/Petar Chernaev
S. 10: A © Thinkstock/iStock/youPower; B © Getty Images/E+/deepblue4you; C © MEV; D © Getty Images/E+/kirin_photo; E © Getty Images/E+/Professor25; F © Thinkstock/Dorling Kindersley RF; G © Thinkstock/iStock/Ramonespelt; H © Getty Images/E+/PetraPleasea
S. 13: Smiley © Getty Images/iStock/pixelliebe
S. 14: A © Getty Images/E+/photopackpl; B © iStock/TPopova; C © Thinkstock/iStock/RG-vc; D © PantherMedia/Andreas Münchbach, Smileys © Getty Images/iStock/pixelliebe
S. 15: von oben: © Thinkstock/iStock/Sazykin; © Getty Images/E+/hatman12; © Thinkstock/iStock/scanrail
S. 16: A © fotolia/mrks_v; B © iStock/vm; C © Thinkstock/Photodisc/Rayes; D © Thinkstock/iStock/cwzahner
S. 18: © Thinkstock/iStock/Nerthuz
S. 20: © Thinkstock/iStock/spfoto
S. 22: Smileys © Getty Images/iStock/pixelliebe; Frau oben © GettyImages/E+/PeopleImages; Mann © iStock/Tempura; Frau © Thinkstock/iStock/bowdenimages
S. 24: A © Getty Images/E+/ewg3D; B © Getty Images/E+/GoodLifeStudio; C © Getty Images/E+/Hasselblad H4D; Boden © Getty Images/E+/gianlucabartoli
S. 25: A © iStock/duckycards; B © Thinkstock/iStock/scanrail; C © Thinkstock/Ingram Publishing; D © Thinkstock/iStock/imagehub88; E © PantherMedia/evaletova; F © Getty Images/E+/PetraPleasea
S. 26: Smiley © Getty Images/iStock/pixelliebe
S. 27: von links: © iStock/spilman; © fotolia/PhotoMan; © ryanking999 – stock.adobe.com; © Getty Images/E+/Rawf8
S. 28: A © iStock/PhilSigin; B © fotolia/Africa Studio, C © Think stock/iStock/Gordana Sermek
S. 29: Smiley © Getty Images/iStock/pixelliebe
S. 30: A © Getty Images/E+/ThomasVogel; B © Getty Images/E+/anela; C © Getty Images/E+/ArtistGNDphotography; D © Getty Images/E+/Michael Bodmann
S. 31: Bild links © Getty Images/E+/CRISTINA IONESCU; Bild rechts © Getty Images/E+/JannHuizenga
S. 32: © Thinkstock/iStock/EpicStockMedia
S. 34: A © Getty Images/E+/LUNAMARINA; B © Getty Images/E+/sjharmon; C © Getty Images/E+/Tom Kelley Archive
S. 35: A © Getty Images/E+/anzeletti; B © Thinkstock/iStock/SonNumber4; C © Getty Images/E+/CaronB; Mann © Getty Images/E+/Jasmina007; Frau © Getty Images/E+/LUNAMARINA
S. 38: A © Getty Images/E+/Raul Ortega Marinas; B © Getty Images/E+/Petek ARICI
S. 39: Mann © Getty Images/E+/PeopleImages; Frau © Getty Images/E+/Tom Kelley Archive; Hund © Getty Images/E+/sanjagrujic
S. 40: von oben: © Getty Images/iStock/Juanmonino; © Thinkstock/iStock; © Getty Images/Juanmonino
S. 41: © iStock/shmackyshmack
S. 43: A © Getty Images/E+/Paul_Brighton; B © diego cervo – stock.adobe.com; C © Getty Images/E+/Carlo107
S. 44: © Getty Images/E+/petekarici
S. 45: © iStock/Floortje
S. 46: A © Thinkstock/iStock/margouillatphotos; B © Thinkstock/iStock/vm2002; C © Getty Images/E+/ALLEKO; D © Getty Images/E+/tirc83; E © Getty Images/E+/nito100; F © Getty Images/iStock/nito100
S. 48: Smiley © Getty Images/iStock/pixelliebe
S. 50: © Getty Images/iStock/Deagreez
S. 51: © fotolia/fudio
S. 52: Smiley © Getty Images/iStock/pixelliebe; A © Thinkstock/iStock/karandaev; B © Luis Carlos Jimenez Del Rio/123rf.com; C © Thinkstock/iStock/deyangeorgiev; D © Thinkstock/moodboard; E © Getty Images/iStock/Savany; F © Thinkstock/iStock/Tamara Jovic
S. 53: Kartoffeln © fotolia/Valua Vitaly; Zwiebel © Thinkstock/iStock/Tamara Jovic; Essig © Getty Images/iStock/Savany; Salzstreuer © Thinkstock/iStock/deyangeorgiev; Senf © Getty Images/E+/Floortje; Zuckerstreuer © fotolia/Jonas Glaubitz; Petersilie © iStock/scisettialfio; Kartoffelsalat © ExQuisine – stock.adobe.com
S. 58: A © fotolia/Adam Gregor; B © Getty Images/Thomas_EyeDesign; C © iStock/lenad-photography
S. 59: © Getty Images/DNY59
S. 60: © Getty Images/E+/filadendron
S. 62: von oben: © Getty Images/E+/andresr; © Getty Images/E+/GlobalStock
S. 64: Smileys © Getty Images/iStock/pixelliebe; Fotos von oben: © iStock/Tempura; © iStockphoto/TriggerPhoto; © Getty Images/E+/SolStock; © Getty Images/E+/petek arici
S. 65: © Getty Images/E+/kupicoo; Smileys © Getty Images/iStock/pixelliebe
S. 68: A © iStock/Paul Vasarhelyi; B © Getty Image/E+/ajr_images; C © Thinkstock/Photodisc/Michael Blann; D © Getty Image/E+/yacobchuk; E © Thinkstock/Hemera/Christy Thompson; F © Thinkstock/iStock/Wavebreakmedia
S. 70: © Thinkstock/iStock/karelnoppe
S. 72: © fotolia/mars
S. 73: © Getty Images/E+/anyaberkut
S. 75: © iStock/cristianl
S. 76: © Thinkstock/iStock/fazon1
S. 77: © Thinkstock/iStock/bluejayphoto
S. 79: A © Pitopia/David Büttner; B © Getty Images/E+/Grafissimo; C © Getty Images/E+/Tempura; D © Getty Images/E+/Grafissimo; E © Getty Images/E+/TommL; F © Getty Images/E+/Eva Katalin
S. 81: A © Getty Images/E+/Grafissimo; B © Getty Images/E+/JackF; C © Getty Images/E+/Sergiy_Zinko
S. 83: © Getty Images/E+/FG Trade
S. 88: A © Thinkstock/iStock/puhhha; B © fotolia/lolipep; C © Getty Images/E+/Sidekick; D © Getty Images/E+/Eva-Katalin; E © Shutterstock.com/ArtOfPhotos; F © Getty Images/iStock/Todor Tsvetkov
S. 92: A © Thinkstock/iStock/Ben-Schonewille; B © Getty Images/E+/Wachira Wacharapathom; C © Thinkstock/iStock; D © Thinkstock/iStock/Highwaystarz-Photography
S. 93: Umzugskarton © Thinkstock/iStock/CHAIWATPHOTOS; Tüte © iStock/photka; Blumenstrauß © Getty Images/E+/spxChrome; Windel © fotolia/scol22; Zeitung © Thinkstock/Hemera/Monique Van elsen; Tunfischdose © Getty Images/E+/adventtr; Medikamente © M. Schuppich – stock.adobe.com; Batterien © Getty Images/E+/scanrail; Glühbirne © Thinkstock/iStock/Harvepino; Marmeladeglas © Getty Images/E+/Pavel Kratirov

Lösungen

S. 96: Smileys © Getty Images/iStock/pixelliebe
S. 102: Smileys © Getty Images/iStock/pixelliebe

Illustrationen: Mascha Greune, München
Bildredaktion: Ahmadullah Dardmanesh, Hueber Verlag, München

Notizen